Kiper / Mischke
Einführung in die Theorie des Unterrichts

Die Reihe »Beltz Studium« wird herausgegeben
von Jürgen Oelkers und Klaus Hurrelmann.

Hanna Kiper / Wolfgang Mischke

Einführung in die Theorie des Unterrichts

Beltz Verlag · Weinheim und Basel

Hanna Kiper, Dr. phil. habil., Jg. 1954, ist Professorin für Schulpädagogik an der Carl von Ossietzky Universität Oldenburg.

Wolfgang Mischke, Dr. phil., Jg. 1946, Diplompsychologe, ist Akademischer Direktor an der Carl von Ossietzky Universität Oldenburg.

Lektorat: Peter E. Kalb

© 2006 Beltz Verlag · Weinheim und Basel
www.beltz.de
Herstellung: Lore Amann
Satz: Druckhaus »Thomas Müntzer«, Bad Langensalza
Druck: Druckhaus Beltz, Hemsbach
Umschlaggestaltung: Federico Luci, Odenthal
Umschlagabbildung: Henderson/Picture Press, Hamburg
Printed in Germany

ISBN 3-407-25395-8

Inhaltsverzeichnis

Einführung

Zur beruflichen Kompetenz von Lehrkräften gehört das Unterrichten. Dafür benötigen sie theoretisches Wissen, empirisches Wissen und Wissen über Einwirkungsmöglichkeiten als Grundlage von Handlungskompetenz. Über viele Jahrzehnte gab es einfache »Unterrichtslehren« mit dem Ziel, das Unterrichten anzuleiten, Ratgeberliteratur und Hinweise für die Planungsarbeit der Lehrkräfte. Eine Vielzahl von Überlegungen zum Unterricht beziehen sich auf einzelne seiner Faktoren, auf »Lernziele«, seine »Planung«, das »Leiten von Schulklassen«, die »Gruppendynamik in einer Schulklasse«, die »Unterrichtsmethoden (einschließlich der Aufteilung des Unterrichts in Phasen oder die Arbeits- und Sozialformen)«, auf »Unterrichtsmedien«, »Unterrichtssprache und Verständlichkeit von Fragen und Aufgabenstellungen«, »soziales Lernen« oder »Körpersprache«. Vielfach werden besondere Varianten des Unterrichts (z.B. Projektunterricht, offener Unterricht) zum Thema. Unter ökonomischen und finanzpolitischen Überlegungen kommt das Verhältnis von Input und Outcome, die Zahl der erteilten Unterrichtsstunden und die fachfremd oder fachspezifisch erteilten Stunden in den Blick.

Nur vereinzelt finden wir Versuche zu einer Theorie des Unterrichts (vgl. Becker 1984a, b; Prange 1986; Grzesik 2002; Glöckel 2003). In der schulpädagogischen Literatur lassen sich eher Konzeptionen des Unterrichts oder ein Nachdenken über Unterrichtsprinzipien finden. Die Abgrenzung einer Unterrichtstheorie gegenüber der Allgemeinen Didaktik resp. der Curriculumtheorie ist vielfach nicht deutlich. Gegenwärtig wird die Bedeutung der Kompetenz der Lehrkräfte für die Planung, Vorbereitung, Durchführung, Analyse und Reflexion von Unterricht überlagert durch Vorschläge zur Neudefinition der Lehrerrolle, die Lehrkräfte zu »Lernhelfern«

oder »Lerncoaches« machen wollen. Manchmal scheint es so, als sollte das institutionalisierte Lehren und Lernen abgelöst werden durch das Arrangieren individuell verantworteter und selbst bestimmter und selbst regulierter Lernprozesse durch die Schülerinnen und Schüler selbst.

Eine angemessene Unterrichtstheorie ist nicht nur die Grundlage für die Lehrerausbildung an Universitäten und Pädagogischen Seminaren und den darauf basierenden Professionalisierungsprozessen. Auch in Debatten über die Qualität von Unterricht und ihre Beförderung von unten (durch das Engagement von Lehrkräften in Eigenverantwortlichen Schulen) resp. ihre Sicherung von oben (durch neue Formen der Steuerung, Kontrolle, Aufsicht und Beratung), wie sie in Verfahren der Schulinspektion mit dem Schwerpunkt auf Unterricht oder rechtliche Bestimmungen über die Qualitätsverantwortung von Schulleitungen sichtbar werden, wird nach einer Unterrichtstheorie verlangt, die dabei hilft, verschiedene Aspekte des Unterrichtshandelns zu durchdenken und zu optimieren. Wenn Lehrkräfte dazu aufgefordert werden, eine forschende Einstellung gegenüber ihrem Unterricht zu entwickeln, kann dies nicht theorielos geschehen. Es reicht nicht aus, einzelne Dimensionen des Unterrichts zu betrachten. Der Blick ist auf das Zusammenspiel wesentlicher Faktoren des Unterrichts zu richten. Von daher ist es notwendig, Unterricht nicht nur in seiner Struktur, sondern als Prozess in der Zeit zu verstehen, seine Dynamik zu erfassen und Handeln im Unterricht zu erhellen. Es geht nicht nur darum, über die Rahmenbedingungen von Unterricht nachzudenken. Auf dem Hintergrund einer angemessenen Erhellung verschiedener Unterrichtsfaktoren und ihres Zusammenspiels geht es um Informationen über das Erzeugen, Gestalten und Steuern von Unterrichtsprozessen mit dem Ziel der Optimierung des Lernens. Dabei ist es sinnvoll, die Prozesse im Unterricht als Prozesse im Zeitablauf zu denken, die in einer sinnvollen Reihenfolge anzulegen sind und deren Verläufe vorausgedacht werden müssen. Unterrichtstheorie hat die Aufgabe, die Prozesse des Planens, Vorbereitens, Durchführens, Steuerns, Eingreifens, des Auswertens und Reflektierens von Unterricht zu beschreiben mit dem Ziel, Lernen unter institutionellen Bedingungen zu ermöglichen und zu optimieren (vgl. Alisch 1981).

Eine angemessene Unterrichtstheorie hat sich auf die Ergebnisse empirischer Unterrichtsforschung, vor allem auf Unterrichtsexperimente zu stützen, um zu angemessenen Aussagen zu kommen (vgl. Wellenreuther 2004).

Wenn wir Unterricht als System begreifen, geht es uns darum, die wichtigen Variablen und deren Beziehungen untereinander zu erfassen, die für ein bestimmtes Ziel (z.B. gute Lernergebnisse) relevant sind. Unter Einbezug der Zeit-Dimension werden verschiedene Prozesse im Unterricht und seine Veränderung selbst zum Thema.

Wir stellen uns in eine Tradition, die deskriptive wissenschaftliche Aussagensysteme in solche Aussagensysteme überführen will, die Handeln ermöglichen. Wir zielen auf ein Wissen über Variablen und ihr Zusammenspiel. Dabei interessieren wir uns für Problembereiche im Handlungsfeld Unterricht und für solche Aspekte, die durch angemessenes Handeln zu beeinflussen sind. Wir wollen ebenso die Reflexivität für einzelne Handlungsdimensionen fördern. Um angemessen unterrichten zu können, bedarf es einer Theorie, die nicht nur dazu verhilft, einzelne Teilaspekte des Unterrichts zu betrachten (z.B. die Interaktionsprozesse unter Kindern oder die Lehrakte der Lehrkraft); es bedarf einer Theorie, die dazu verhilft, vielfältige Aspekt-Konstellationen, die beim Unterrichten relevant werden, angemessen zu durchdenken, diese zu beobachten und beim Handeln zu berücksichtigen.

Zum Aufbau des Bandes

Eine Unterrichtstheorie als Teilgebiet der Allgemeinen Didaktik ermöglicht, verschiedene Aspekte (Lehren, Lernen, Interagieren, Steuern, Überwachen von Lernprozessen) in den Blick zu nehmen. Sie zielt darauf, das Handeln von Lehrkräften zu optimieren mit dem Ziel, guten Unterricht durchzuführen. Eine solche Unterrichtstheorie hilft, wichtige Faktoren des Unterrichts zu beobachten, Unterrichtsexperimente anzuleiten und einen Rahmen für empirische Unterrichtsforschung zu entfalten. Wir skizzieren, basierend auf der von uns entwickelten Begriffslandkarte, verschiedene

Aspekte von Unterricht und entfalten ein Rahmenmodell, das wichtige Formen des Handelns im Unterricht ausweist (u.a. Planen, Organisieren, Steuern, Intervenieren).

Darauf aufbauend fragen wir nach der *Qualität von Unterricht.* Will man sich nicht mit Oberflächenmerkmalen zufrieden geben, sondern Unterricht auf dem Hintergrund von Lern- und Leistungsergebnissen in den Blick nehmen, sind nicht nur verschiedene Merkmale von Unterricht, sondern Unterrichtskonzeptionen zu unterscheiden und diese mit empirischen Befunden über ihre Wirksamkeit bezogen auf Lernergebnisse in Beziehung zu setzen oder auch zu kontrastieren. Abschließend diskutieren wir Dimensionen von Unterricht unter dem Aspekt der Beförderung von Unterrichtsqualität.

Kompetenzstufenmodelle, mit denen in verschiedenen Schulleistungsstudien das Wissen und Können von Schülerinnen und Schülern überprüft wurde, werden gegenwärtig auch für die Diskussion von Bildungszielen relevant. So wird der Kompetenzbegriff in den von der Kultusministerkonferenz verabschiedeten Bildungsstandards für den mittleren Schulabschluss in ausgewählten Kernfächern (Deutsch, Englisch, Mathematik, Chemie, Physik, Biologie) verwendet. Eine Unterrichtstheorie muss darauf orientieren, die in den Curricula markierten Kompetenzen, je nach Schulstufe und Bildungsgang auf unterschiedlichem Niveau, bei der Auswahl von Zielen, Inhalten und Verfahren angemessen zu berücksichtigen und das Erreichen von Bildungsstandards durch das Ringen um ein angemessenes Niveau des Unterrichts anzustreben. Von daher reicht es nicht aus, einen Unterricht zu konzipieren, der Lernziele ohne eine Verankerung in Standards und Kompetenzmodellen ausweist. Es geht darum, Wege zu gesichertem Wissen und Können anzulegen und Kompetenzen aufzubauen.

Im *Planungsmodell für Unterricht in heterogenen Lerngruppen* entfalten wir – basierend auf einer Begriffslandkarte – ein Modell für die Erfassung der wichtigsten Faktoren des Handlungsfeldes Unterricht. Dabei werden das Lernen und die Lernprozesse der Schülerinnen und Schüler in den Mittelpunkt gestellt. Wir beschreiben Unterricht als zielführende Abfolge von Lernarrangements, wobei inhaltliche, soziale und dramaturgische Gesichtspunkte gleichzeitig zu bedenken sind. Die Planungsarbeit der Lehrkraft muss sich auf Inhalte des Unterrichts und deren Aneignung im Rahmen der Lernprozesse der Schülerinnen und Schüler beziehen (vgl. auch Kiper/Mischke 2004, 114ff.). Bei der Planung geht es darum, jeweils zu erreichende Endkompetenzen anzugeben, diese in zu erreichende Teilkompetenzen zu zerlegen und deutlich zu markieren, wie der Lehr- und Lernprozess zum Erreichen dieser Teilkompetenzen verlaufen soll und durch welche diagnostisch relevanten Aufgaben und Prüfoperationen angegeben werden kann, ob er gelingt respektive misslingt. Die Unterrichtssequenz ist beendet, wenn die Schülerinnen und Schüler beim Bearbeiten der diagnostisch relevanten Aufgaben ein Kompetenzniveau zeigen, das die festgelegten Standards erreicht oder überschreitet. Dafür sind geeignete Lernarrangements zu finden und zu gestalten. Soll auf die heterogenen Lernvoraussetzungen und Lernprozesse der Schülerschaft Rücksicht genommen werden, sind – neben dem Standardarrangement – alternative Lernarrangements zu bedenken. Für schwächere Schülerinnen und Schüler sind »Stützstrukturen« anzulegen, die es ihnen ermöglichen, das Ziel mit besonderen Hilfen zu erlangen. Der Prozess des Unterrichtens ist – auf der Grundlage einer Diagnose der Lernprozesse der Schülerinnen und Schüler – gezielt zu steuern. Dafür sind geeignete Punkte des Überwachsens des Lernfortschritts (Monitoring) zu bedenken. Es wird gezeigt, wie mit einem solchen Planungsansatz das Lehren und Lernen in heterogenen Lerngruppen angelegt werden kann.

Die Lehrstrategie für heterogene Gruppen setzt darauf, eine zielführende Abfolge von Lernarrangements zu denken, die inhaltlich, sozial und dramaturgisch angemessen sind. Bei der Konstruktion geeigneter Lernsituationen sind geeignete Formen der Aneignung und Bearbeitung von Inhalten und die Wahl sinnvoller Methoden notwendig. Im Kapitel über *Lernarrangements* gehen wir auf den Begriff der Unterrichtsmethoden ein. Wir verstehen Unterrichtsmethoden auch als Verfahren zur Unterstützung der Erkenntnisgewinnung und Erkenntnisverarbeitung. Auf der Grundlage der von uns vorgestellten Basismodelle des Lernens zeigen wir, mit welchen Methoden dieses Lernen auf der Oberflächenstruktur erfolgreich geschehen kann.

Diagnostizieren mit der Absicht, sinnvolle Lernprozesse anzulegen und Lernschwierigkeiten zu erkennen, unterscheidet sich von psychologischer Diagnostik insofern, als sie vor allem den Focus darauf richtet, Lernausgangslagen zu erkennen, für Schülerinnen und Schüler geeignete Lernprozesse anzulegen, durch Monitoring den Lernzuwachs zu erkennen resp. Lernschwierigkeiten sichtbar zu machen, über die Analyse von Produkten (Analyse von Stärken und Fehlern) Hinweise zur Optimierung von Instruktion und Lernen zu geben und über angemessene Instrumente Leistungsmessung und Leistungsbeurteilung vorzunehmen. Bei Lernschwierigkeiten sind Hypothesen zum möglichen diagnostischen Problem aufzustellen, Daten zu erheben, aus diesen diagnostisch relevante Informationen zu gewinnen und diese zu interpretieren. Im Kapitel über schulisch relevante Formen des Diagnostizierens beschreiben wir, auf der Grundlage einer Klärung des Begriffs (pädagogische) Diagnostik, diese als Such- und Problemlösestrategie, gehen auf Zusammenhänge und Unterschiede von Diagnose und Prognose ein, zeigen die jeweils einer Diagnose zugrunde liegenden Modellvorstellungen, unterscheiden Persönlichkeitsdiagnostik von der Erfassung von Umweltbedingungen und gehen auf Arbeitsschritte beim Diagnostizieren und Verfahren der Datengewinnung ein. Anschließend setzen wir uns mit der diagnostischen Kompetenz von Lehrkräften auseinander. Wir stellen notwendige Messoperationen und für die Messung notwendige Instrumente dar.

Diagnostische Verfahren in praktischer Absicht verhelfen dazu, Beobachtungs- und Messdaten so zu kombinieren, dass sie dabei helfen, ein Kind und seine möglichen Lebens- und Lernschwierigkeiten, aber auch seine Stärken und Ressourcen besser zu verstehen. Sie helfen der Lehrkraft, den jeweiligen Lernstand des Kindes zu erfassen. Sie müssen so verwendet werden, dass für Schülerinnen und Schüler mit Lernschwierigkeiten eine angemessene Idee für die Organisation ihres Lernfortschrittes entwickelt werden kann. Dazu ist ein *Modell für die Verursachung von Lernschwierigkeiten* und Formen der Prävention und Intervention zu erarbeiten. Ideen zur Hilfe und *Förderung* sind zu entwickeln, die in den Regelunterricht eingefädelt werden können und die darüber hinaus zur Formulierung eines sinnvollen Förderkonzeptes beitragen. Diese Überlegungen bündeln wir im Kapitel über Individualisierung und Förderung.

Abschließend klären wir die *Grundlagen professioneller Handlungsmöglichkeiten* einer Lehrkraft. Dazu setzen wir uns mit der These des Technologiedefizits in der Pädagogik auseinander und zeigen, der Position des kritischen Realismus verpflichtet, Einwirkungsmöglichkeiten einer Lehrkraft beim Erziehen und Unterrichten. Wir schlagen vor, eine Passung von Unterrichtsinhalt, Lernstruktur, Unterrichtsmethode und sozialer Interaktion zu wählen und konkretisieren unsere Überlegungen an einem Beispiel.

Im letzten Kapitel fragen wir nach den Instrumenten zur Verbesserung der *Qualität des Unterrichts*. Unter Berücksichtigung der bildungspolitischen Rahmenbedingungen und der Formen der Evaluation der Ergebnisse der Unterrichtsarbeit durch die Schulleitung und Schulaufsicht, gehen wir auf Handlungsmöglichkeiten innerhalb der Einzelschule ein. Es wird gezeigt, wie durch modellhafte Fallbesprechungen und gemeinsame Unterrichtsplanungen und durch gegenseitige Unterrichtsbesuche und deren Auswertung ein Zuwachs an Professionalität im Bereich des Planens, Durchführens und Reflektierens von Unterricht gelingen kann.

Unterricht aus der Perspektive der Lehrkraft

In diesem Kapitel zeigen wir, dass über Unterricht aus verschiedenen disziplinären Perspektiven, mit verschiedenen Aufmerksamkeitsrichtungen und auf der Basis unterschiedlicher normativer Orientierungen nachgedacht wird. Die von uns vorgestellten Überlegungen zielen darauf, Lehrkräften eine angemessene Theorie für Handeln im Unterricht anzubieten. Im Rahmen des »didaktischen Dreiecks« (Lehrgegenstand – Lehrkraft – Schülerinnen und Schüler) zeigen wir, dass es nicht sinnvoll ist, den Focus nur auf Lehren oder Lernen oder Interaktion zu richten. Eine Unterrichtstheorie muss sowohl Aussagen über Bedingungen des Lernens als auch über relevante Gesichtspunkte des Handelns der Lehrkraft (z.B. Planen, Vorbereiten, Lehren, Steuern, Lernprozesse anleiten, den Lernprozess überwachen, Interaktionen gestalten, Leiten) treffen, um Lernen im institutionellen Zusammenhang zu befördern. Daher stellen wir Bausteine einer Unterrichtstheorie vor.

Unterricht aus verschiedenen Perspektiven

Über Unterricht kann aus verschiedenen Perspektiven nachgedacht werden, aus der Sicht der Lehrkräfte, der Schülerinnen und Schüler, der Eltern etc. Mit der jeweils anderen Perspektive geraten andere Aspekte in den Blick. Einige seien hier kurz benannt:

- Unterricht wird als Ort von Ritualen und Regeln einer fremden Kultur verstanden und unter einer ethnographischen Perspektive beschrieben.
- Unterricht wird als Ort der Sozialisation, Qualifikation, Integration und Selektion verstanden.

- Unterricht erscheint als Sozial- und Lebenswelt der Kinder, als Ort kindlicher Kommunikation und Interaktion, als Ort des Umgangs der Geschlechter, als Ort der Anbahnung und Gestaltung von Freundschaften.
- Unterricht erscheint als Ort, wo die Kinder ihre Sichtweisen, Perspektiven und Meinungen einbringen.
- Unterricht erscheint als Ort des Schutzes und der Fürsorge von Kindern, der Thematisierung von Problemen und Schwierigkeiten, der Kompensation von sozialisatorischen Verletzungen.
- Unterricht erscheint als anregende Umgebung, in der gebastelt, gemalt, gespielt, gelesen und den eigenen Interessen nachgegangen wird. Lernen findet manchmal auch statt, aber nicht systematisch angeleitet und eher zufällig.
- Unterricht erscheint als Ort der Besinnung und Begegnung, der Kontemplation, der Feste und Feiern.
- Unterricht erscheint als Ort der Bewegung und Gesundheit, des Theaters und des Spiels, des dramaturgischen Gestaltens.
- Unterricht erscheint als Werkstatt.
- Unterricht erscheint als Ort der Disziplinierung und Demütigung, der Anpassung und Zurichtung.
- Unterricht erscheint als »Dschungel«, bestimmt von durcheinander laufenden Bestrebungen, chaotisch anmutenden Interessen, des Agierens von Aggression und Gewalt, des Durcheinanders und der Kämpfe.
- Unterricht erscheint als Ort der Tradierung von Wissen und Kultur.
- Unterricht ist ein Geschehen, bei dem – unter Berücksichtigung des Entwicklungsstandes der Lernenden – aufeinander abgestimmt gelehrt und gelernt wird. Lernende werden durch professionell handelnde Lehrkräfte absichtlich, gezielt und planmäßig vom (relativen) Nichtwissen zum Wissen, vom (relativen) Nichtkönnen zum Können geführt (vgl. Steindorf 1981).
- Unterricht erscheint als strukturierte, sprachlich vermittelte Interaktion in Raum und Zeit, die einübt in selbst reguliertes und angeleitetes Lernen, in (Selbst-)Regulierung von Verhalten, in Verfahren des diskursiven Aushandelns von Interessen und der diskursiven Bearbeitung von Konflikten.

Die verschiedenen Auffassungen von Unterricht unterscheiden sich bezogen auf ihr Erkenntnisinteresse. Den einen geht es um das Beschreiben der Merkwürdigkeiten von Schule und Unterricht unter Rückgriff auf die Perspektive eines Beobachters oder einer Beobachterin, die aus unterschiedlichen disziplinären Perspektiven (soziologische, psychologische, kulturanthropologische) erfolgen kann; den anderen geht es um den Unterricht als Lebenswelt von Kindern. Dabei geraten Fragen der Entwicklung von Kindern, ihre Interessen, Motivationen, ihr Selbstkonzept, ihre Kommunikation und Interaktion in den Mittelpunkt. Hier wird auf entwicklungspsychologische, persönlichkeitstheoretische oder sozialisatorische Erklärungsansätze zurückgegriffen; Unterricht wird zum Bestandteil von Kindheitsforschung.

Die disziplinäre und wissenschaftstheoretische Verortung resultiert in unterschiedlichen Erkenntnisinteressen und Forschungsmethoden bezogen auf den Unterricht. Auch die normativen Orientierungen und die damit einher gehenden unterschiedlichen Bestimmungen der Aufgabe von Schule und Unterricht bewirken unterschiedliche Blickwinkel.

Wenn wir die Schule als Lebensraum bestimmen, kommen wir zu anderen Gewichtungen, als wenn wir den Akzent auf das Vermitteln und Aneignen von Wissen legen (vgl. Kiper 2001, 38ff.).

Wir verstehen mit Hermann Giesecke Unterricht als geniale gesellschaftliche Erfindung, als ein institutionell ermöglichtes, künstliches Arrangement, das nicht aus dem Alltagsleben von selbst erwächst, sondern in Distanz zum sonstigen Leben organisiert wird. Unterricht »ermöglicht, die Unmittelbarkeit unserer Existenz zu überschreiten und für noch unbekannte spätere Verwendungssituationen auf Vorrat zu lernen« (Giesecke 1998, 40). Die historische Errungenschaft institutionalisierten Lernens in und durch Unterricht ermöglicht die Initiierung ins Denken. Unterricht schafft Distanz zu sich selbst und zum eigenen Alltag, eröffnet die Chance auf eine intellektuelle Biografie und führt zu Bildung und Kultur.

»In Abgrenzung von situationsgebundener punktueller Belehrung und Unterweisung kann Unterricht bestimmt werden als: aus dem Zusammenhang des Gesamtlebens ausgegliederter Lehr-Lern-Pro-

zess, in dem über den konkreten Lernanlass hinaus komplexere Sachzusammenhänge durch einen Lehrer an einen oder mehrere Schüler vermittelt werden, wobei das Interesse des Lehrenden nicht nur auf die Präsentation der Lehrinhalte, sondern auch auf deren Aneignung durch den Schüler und eine darauf bezogene Erfolgskontrolle gerichtet ist« (Steindorf 1981, 18).

Überlegungen zur Unterrichtstheorie

Damit der Unterricht diese Möglichkeiten tatsächlich eröffnet, ist eine angemessene Theorie des Unterrichts als Grundlage für professionelles Handeln der Lehrkräfte erforderlich. Damit fühlen wir uns der Aufgabe verpflichtet, für das professionelle Handeln von Lehrerinnen und Lehrern, für »praktische Pädagogik« einen angemessenen Theorierahmen zu entwickeln. Wir betrachten Unterricht als Ort des Lehrens und Lernens, des Einübens in Regeln und des diskursiven Aushandelns von Konflikten. Wir wissen, dass diese Funktionen durch die institutionelle Struktur der Schule nicht verlässlich gesichert sind. Erfolgreicher Unterricht ist ein fragiles Geschehen, das vom angemessenen Handeln der Lehrkräfte abhängt, aber auch der Mitwirkung der Schülerinnen und Schüler bedarf. Es geht darum, seine relevanten Faktoren und ihr Zusammenwirken zu erhellen.

Wenn wir Lehrkräfte als Experten für Unterricht ansehen, dann ist ihre Kompetenz vom verfügbaren bereichsspezifischen Wissen sowohl über die zu lernenden Sachverhalte als auch über den Unterricht und über dabei stattfindende Vermittlungsprozesse abhängig. Lehrkräfte müssen ihn planen, in ihm handeln (Steuerung der Lehrakte, Anleiten von Lernakten, Beobachten der Lernprozesse etc.), ihn auswerten und reflektieren können. Daher erscheint uns eine Unterrichtstheorie angemessen, die diejenigen Faktoren bündelt, die für ein Handeln von Lehrkräften im Sinne des Planens, Vorbereitens, Durchführens, Steuerns, Kontrollierens und Auswertens/Reflektierens bedeutsam sind. Wir entfalten eine Unterrichtstheorie, die Lehrkräften Hilfestellung beim Handeln gibt. Unsere Unterrichtstheorie als handlungsorientierte Theorie soll dabei hel-

fen, Ziele festzulegen, Handlungsmöglichkeiten auszuloten, Unterrichtsprozesse vorauszusagen und notwendige Entscheidungen
resp. Entscheidungsalternativen im Voraus zu bedenken. Ein angemessenes Handeln im Unterricht (Durchführen, Anleiten, Wahrnehmen, Überwachen und Steuern von Lern- und Interaktions-
und Kommunikationsprozessen, Verarbeiten von Situationskon-
stellationen) soll möglich werden.

Einfache Modelle von Unterricht

Ein einfaches Modell vom Unterricht beschreibt diesen als »didaktisches Dreieck«. Es umfasst die Lehrkraft, die Schülerinnen oder
Schüler und den Gegenstand (vgl. Prange 1986, 35ff.) als Faktoren
und versucht, Aussagen über die Bezüge zwischen jeweils zwei Faktoren zu spezifizieren. Das Dreieck modelliert die Bindung jeder
Paarkonstellation an ein jeweils Drittes; z.B. wird bei der Relation
zwischen Lehrkraft und Lernendem der für beide vorhandene Bezug auf den Gegenstand des Unterrichts mitgedacht. Hans Glöckel
fasst als Präzisierung dieser Bezüge Unterricht als Interaktions- und
Kommunikationsprozess, bei dem Beziehungen auf einer Sachebe-
ne – vermittelt über den Gegenstand – und einer Beziehungsebene
(zwischen Lehrkräften und Schülerinnen und Schülern resp. unter
den Schülern selbst) in den Blick genommen werden. Er versteht –
in Erweiterung dieses Modells unter Berücksichtigung von Unterrichtsmedien resp. Unterrichtsmitteln – die Grundstruktur des Unterrichts so:

> »*Einzelakte des Lehrers und der Schüler und einzelne Mittel als
> Vertreter des Gegenstandes machen die Elemente des Unterrichts
> aus*« (Glöckel 2003, 57).

Glöckel ordnet der Lehrkraft dabei Lehrakte und den Schülern
Lernakte zu. Bei der Betrachtung von Elementen des Geschehens
darf allerdings die im didaktischen Dreieck gedachte strukturelle
Verkoppelung der Akteure im Bezug auf den Gegenstand nicht
aus dem Blick geraten, denn diese erst liefert den Sinnbezug für die

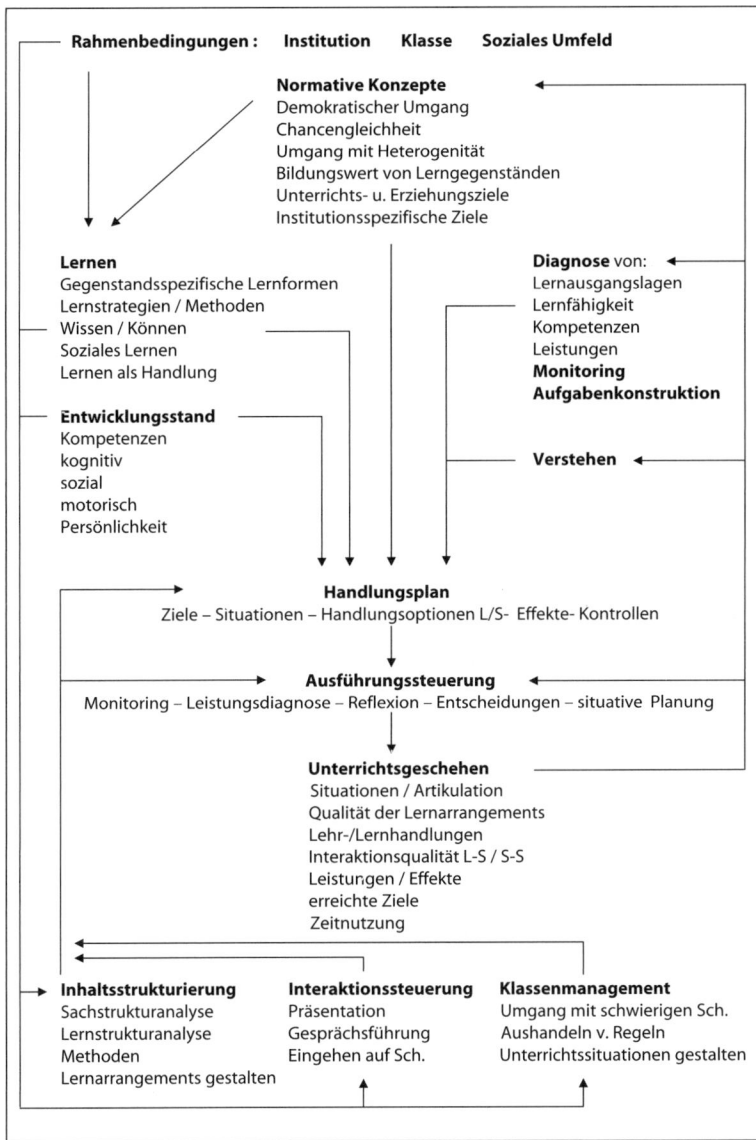

Abb. 1: Modell einer integrativen Didaktik (vgl. Kiper/Mischke 2004, 77)

Handlungspläne der Akteure und für die Gestaltung der Elemente und begründet die syntaktischen Regeln für die Abfolge einzelner Akte.

Paul Heimann versteht Unterricht als (Inter-)Aktionsfeld, in dem wichtige Entscheidungen getroffen werden. Diese Entscheidungen betreffen die Unterrichtsziele, die Inhalte, die Verfahren und die Medien. Wichtiger Bestandteil der Berliner Didaktik ist die Entwicklung eines Planungsmodells, das Hinweise für die Konzeption des Unterrichtsgangs bereitstellt (vgl. Heimann/Otto/Schulz 1968).

Unsere Rahmenkonzeption für Unterricht

Wir werden Ergebnisse der empirischen Forschung vorstellen, die es nötig machen, erneut über Unterricht nachzudenken und wir werden eine Rahmenkonzeption zur Einordnung der Befunde und zur Umsetzung in Unterrichtsplanung und Steuerung vorlegen. Im Folgenden wollen wir zunächst ein Theoriegerüst über Unterricht in Form einer Begriffslandkarte (vgl. Abb. 1) darstellen, die wesentliche Variablen des Handlungsfeldes Unterricht angibt, ordnet und dadurch schon Hilfestellungen für angemessenes Handeln der Lehrkraft bereitstellt.

Bausteine einer Unterrichtstheorie

Die bisherigen Überlegungen haben gezeigt, dass im Kern des Unterrichtsgeschehens die Auseinandersetzung mit einem Gegenstand steht, die so gestaltet ist, dass Lernen stattfindet. Unterrichtstheorie muss daher Aussagen über Bedingungen des Lernens und über Formen und Abläufe machen, die als sinnvolle Realisierungen anzusehen sind. Für die Organisation und Steuerung dieser lernwirksamen Formen der Auseinandersetzung ist es wichtig, über Steuerungsmöglichkeiten bzw. Kontrollprozesse zu verfügen und Indikatoren zu kennen, die Erfolg oder Misserfolg signalisieren.

Beobachter und Beteiligte am Unterrichtsgeschehen werden die Qualität des Unterrichts danach bemessen, wie gut es gelingt, die jeweils notwendige Situation angemessen zu gestalten, Abläufe in der richtigen Abfolge auszuführen und dabei für alle Schülerinnen und Schüler möglichst sinnvolle Lernarrangements zu organisieren. Die Lehr- und Lernhandlungen sollten passend sein und es sollte eine die Würde der Personen beachtende förderliche Interaktionsqualität realisiert werden. Die sichtbaren Leistungen und die nicht intendierten Effekte sollten den Bildungsstandards angemessen sein und zu den Zielen des Unterrichts hinführen. Die verfügbare Zeit sollte angemessen genutzt werden.

Um ein derartiges Unterrichtsgeschehen zu realisieren, bedarf es der gekonnten Ausführungssteuerung durch die Lehrkraft, bei der durch Beobachtung und Analyse der Abläufe (Monitoring), Leistungsdiagnose und Reflexion des Geschehens mithilfe geeigneter Entscheidungen, die vorhandene Planung in Anpassung an die Interaktionsangebote und die Leistungsmöglichkeiten der Schülerinnen und Schüler umgesetzt oder durch eine notwendig gewordene situative Planung ersetzt wird.

Wir gehen davon aus, dass lernwirksamer Unterricht erst durch Planungen (durch die Lehrkraft oder gemeinsam durch Lehrkraft und Schülerinnen und Schüler) ermöglicht wird. Planung und damit die Herausbildung von Erwartungen ist eine für das Lernen fundamentale Voraussetzung; dies gilt für das Lernen der Schülerinnen und Schüler, aber auch für das professionelle Lernen der Lehrkräfte (vgl. Hoffmann 1996, 61f.). Planung muss die Ziele festlegen, die zu erzeugenden Situationen vorausdenken, Handlungsoptionen durchdenken, Effekte vorausehen und die nötigen Kontrollprozesse spezifizieren, mit deren Hilfe über Fortsetzung oder Änderungsnotwendigkeiten einer geplanten Handlung entschieden werden soll. Unterrichtstheorie muss über Unterrichtsverläufe, Steuerungs- und Planungsprozesse Aussagen machen und die dafür relevanten Voraussetzungen (Normen, Wissen, Fertigkeiten) benennen.

Unterricht findet in einem gesellschaftlichen und kulturellen Umfeld statt; die Einstellungen zum Lernen und Leisten, die Wertschätzung von Bildung und Bildungsinstitutionen und die Bereitschaft zum persönlichen Engagement gehen darin ein (vgl. Hofer 2003; Fend 2004). Auf dem Hintergrund eines Mehrebenenmodells von Schule und Unterricht (vgl. Fend 1998) spielt die jeweilige

Schule, die Schulstufe, der Bildungsgang ebenso eine Rolle wie das soziale Umfeld der Einzelschule und die Schulklasse und die in ihr tätigen Lehrkräfte.

Unterricht ist u.a. auch abhängig von allgemeinen gesellschaftlichen Zielsetzungen, von Bildungszielen, von gesellschaftlichen und familiären Erwartungen an die Leistung von Schule und Unterricht. Der Bildungskanon oder das Curriculum, die Festlegung, auf welchem Niveau etwas gewusst und gekonnt werden soll, hat ebenso Bedeutung wie die Vorstellungen über schulisches Lernen im Kontext von Unterricht, über den Umgang zwischen den Angehörigen verschiedener Generationen und die mit Bildung, Erziehung und Lernen verknüpften Ziele. Dabei werden allgemeine Ziele ebenso wie die Ziele verschiedener Bildungsgänge oder auch der Einzelschule relevant. Unterricht findet im Kontext einer jeweils historisch bestimmten Auffassung über das Verhältnis von Erwachsenen und Kindern und die Formen ihres Umgangs statt. Überlegungen zur Interaktion und Kommunikation in der Schule sind dafür mitbestimmend.

Das Lernen in der Schule geschieht in Abhängigkeit von der Frage, welche Lerninhalte eine Gesellschaft für bedeutsam hält. Diese sind oftmals im Bildungskanon oder im Curriculum zusammengefasst, konkretisiert in Bildungs- und Lehrplänen für Kinder und Jugendliche verschiedenen Alters und verschiedener Bildungsgänge. Dabei gibt es in verschiedenen Ländern je unterschiedliche Spielräume, auf die Auswahl von Bildungsinhalten Einfluss zu nehmen.

Wolfgang Klafkis Leitfragen seiner didaktischen Analyse zielen auf das Problem, wie aus einem Sachinhalt, einem Thema oder einem Problem ein bedeutsamer und interessanter Unterrichtsinhalt wird. Auf dem Hintergrund einer Auseinandersetzung mit dem Lehrplan und den bildungstheoretisch inspirierten Fragestellungen Wolfgang Klafkis schlägt Klaus Prange vor, dass die Lehrkraft den Lehrgegenstand unter dreifacher Perspektive befragen soll:

»(...) erstens: ›Was meint der Sachverhalt‹ (....)? Zweitens: Was bedeutet dieser Sachverhalt für die Lernenden (...)? Und drittens: Was bedeutet er mir selbst, insofern ich die implizite Intention

übernehme oder relativiere, bekräftige oder verwerfe? Diese drei Hinsichten wiederholen sich in der Thematisierung des Sachverhalts für den Schüler, die der Lehrer in der folgenden Weise interpoliert: was bedeutet der Sachverhalt für den Lernenden im Zusammenhang des unterrichtlichen Lehrgangs; was bedeutet er für ihn selbst an dieser Stelle, und was kann er für die Zukunft bedeuten? Die erste Frage bezieht sich auf seinen Stand der Kenntnisse und Fertigkeiten, an die der Sachverhalt anschließt; die zweite Frage bezieht sich auf seine gegenwärtige Verständnis- und Interessenlage; die dritte Frage bezieht sich auf den zukünftig möglichen Sinn der zu erwerbenden Fertigkeiten und Kenntnisse. Und schließlich beziehen sich die drei Hinsichten noch einmal auf den Sachverhalt selbst (...)« (Prange 1986, 77f.).

Auf der Grundlage einer Auswahl von Lerninhalten gilt es nicht nur, Kenntnisse über einen Lerninhalt aus verschiedenen disziplinären Perspektiven anzueignen, sondern diesen auch explizit als Lerninhalt zu formulieren und zu strukturieren.

Wir werden die Bedeutung der Standards der Kultusministerkonferenz (KMK) für die Inhaltsauswahl und die Zielbestimmung berücksichtigen.

Wenn es im Unterricht darum geht, dass eine Lehrkraft den Schülerinnen und Schülern dazu verhilft, durch Lernhandlungen – in Auseinandersetzung mit Unterrichtsgegenständen – Wissen und Können zu erwerben und Kompetenzen aufzubauen, ist es notwendig, dass die Lehrkraft die zum Erreichen der angestrebten Lernziele erforderlichen Lernprozesse durchdenkt. Diese Lernprozesse können auf der Grundlage einer Lernstrukturanalyse gestaltet werden. Wir gehen davon aus, dass durch die Rekonstruktion kindlicher oder jugendlicher Vorstellungen deutlich werden kann, wo die Lehrkraft auf eine Erweiterung, Ausdifferenzierung oder Ergänzung kindlicher Vorstellungen setzen kann oder wo sie die Grenzen kindlicher oder jugendlicher naiver Annahmen und Theorien erfahrbar machen muss, um Lernen zu ermöglichen.

Die Lehrkraft hat die Aufgabe, auf der Grundlage einer Auswahl von Sachinhalten und deren Reformulierung als Unterrichtsgegenstände und auf der Grundlage einer Lernstrukturanalyse über den zu organisierenden Lernprozess nachzudenken, damit die Schülerinnen und Schüler in der lernenden Auseinandersetzung ihre Vorstellungen von der Sache ausdifferenzieren oder korrigieren.

Wenn der Unterricht die Lernvoraussetzungen der Schülerinnen und Schüler erfassen soll, kann es nicht darum gehen, nur sehr allgemein über die soziale Situation von Kindern nachzudenken; es geht darum, die Lernausgangslagen, die Lernfähigkeiten und Kompetenzen im Hinblick auf den jeweils zu organisierenden Lernprozess zu erfassen. Dabei ist nicht nur der Entwicklungsstand der Schülerinnen und Schüler zu betrachten, sondern auch ihre jeweiligen Vorstellungen zu bestimmten Lerninhalten.

Die Lehrkraft muss feststellen, welche Wege die Schüler gehen müssen, um sich die Unterrichtsgegenstände anzueignen. Weil ein solcher Lernprozess komplex ist, ist er in einzelne Teiloperationen zu zerlegen. Die Lernhandlungen, Lernakte, Einzelverrichtungen und deren Reihenfolge, durch die Schülerinnen und Schüler den Lerngegenstand angehen sollen, sind festzulegen. Peterßen referiert die Überlegungen von König und Riedel:

>*»Der Lehrer muss feststellen, welche Wege die Schüler zu den eingegrenzten ›Objekten‹ führen können, (...). Der schon bestimmte Lernprozess ist überaus komplex und muss in seine einzelnen Operationen zerlegt werden, d.h. es gilt jene Akte, jene Verrichtungen und Tätigkeiten der Art und Reihenfolge nach zu bestimmen, durch die die Schüler den Lerngegenstand angehen sollen. (...) Das einer Unterrichtseinheit aufgegebene Ziel wird in der Regel nur durch eine Folge einzelner und aneinandergereihter Unterrichtssituationen erreicht werden. Für jede dieser Situationen muss ein je eigenes Ziel bestimmt werden, und zwar als Ergebnis der von den Schülern in dieser Situation durchgeführten Operation, wobei es deutlich zur Verwirklichung des übergeordneten Ziels beitragen muss. (...) Hilfsmittel (...) haben die Aufgabe, ›den raumzeitlichen Kontakt zwischen Lernendem und Operationsobjekt herzustellen‹«*
(vgl. König/Riedel 1975, 14, zitiert nach Peterßen 1982, 128).

Neben der Festlegung der Lernziele des Unterrichts und dem Nachdenken über den zu organisierenden Lernprozess ist festzulegen, durch welche Aufgaben die Schülerinnen und Schüler zeigen können, dass sie die Lernziele erreicht haben. Die Lehrkraft muss sinnvolle Aufgaben konstruieren oder bereitstellen, anhand derer sie und die Schülerinnen und Schüler überprüfen können, ob die Lernziele erreicht wurden.

Die Planung von Unterricht muss in seine differenzierte Vorbereitung münden, z.B. durch das Erstellen von Arbeitsmitteln, Lernmaterialien, Unterrichtsmedien, ihr Bereitstellen in entsprechenden Lehr- und Lernarrangements. Diese sind im Hinblick auf heterogene Lerngruppen differenziert zu gestalten.

Die deutliche Gliederung des Unterrichts (Artikulation) wird oftmals durch eine Planung in Phasen vorbereitet; sie zeigt sich in einem Planungsraster (vgl. Schulz 1968); es dient als Gerüst, um die Umsetzung der Planung in Handeln und Steuern im Verlauf einer bestimmten Zeiteinheit (meist der Unterrichtsstunde) anzugehen. Diese Handlungsplanung für den Verlauf des Unterrichts in der Zeit sollte Ziele, Handlungssituationen und möglicherweise alternative Handlungsoptionen für Lehrkräfte und Schülerinnen und Schüler ebenso umfassen wie ein Nachdenken über die Zwischenergebnisse und Endergebnisse des Lernens. Außerdem sind mögliche Punkte der Erfassung (Monitoring) und Kontrolle der Ergebnisse des Lernens vorzusehen.

Wir gehen davon aus, dass im Unterricht das Durchführen und Steuern des Unterrichtsprozesses von Wichtigkeit ist. Hier wird Handlungswissen erforderlich. Zugleich hat die Lehrkraft beim Handeln die Prozesse in der Lerngruppe und ihre Interaktion und Kommunikation mit der Lerngruppe zu beobachten. Neben Gesichtspunkten des Leitens der Schulklasse sind die Lernprozesse der Kinder und ihr Scheitern oder Gelingen zu betrachten. Dies gelingt leichter, wenn vorher darüber nachgedacht wurde, zu welchem Zeitpunkt welche Lernergebnisse beobachtet und unter dem Gesichtspunkt betrachtet werden, wie im Lernprozess fortgeschritten werden kann. Davon abhängig sind geplante oder alternative Unterrichtsprozesse zu entwickeln.

Unterricht beinhaltet auch Verfahren des Klassenmanagements. Dazu sind Regelsysteme einzuführen, zu sichern und zu festigen, die ein geordnetes Arbeiten unterstützen. Daneben werden soziale

Regelsysteme bedeutsam, die Interaktion, Kommunikation und die Bearbeitung von Konflikten ermöglichen. Zuletzt geht es um den Umgang mit so genannten schwierigen Schülerinnen und Schülern, für die individuell Maßnahmen durchdacht werden müssen.

Es sind zwei Faktorengruppen zu bedenken, nämlich die rahmen- oder struktursetzenden Faktoren, die Störungen begünstigen oder begrenzen können und die Faktoren, die die Verhaltensdisposition einzelner Schülerinnen und Schüler und damit deren persönliche Neigung, sich an Störungen zu beteiligen, mit bedingen. Beide Faktorengruppen können beeinflusst werden. Zu den rahmen- und struktursetzenden Faktoren gehören die *Arbeitsbedingungen* (z.B. durch Gestaltung des Raumes, Lärmschutz, Einrichtung), die Einführung von *Regeln* und *Routinen*, die *Beziehungsgestaltung*, die *Kommunikation* und *Metakommunikation* im Klassenzimmer, der *Umgang mit Problemverhalten*, auch durch Verfahren der Prävention und Verarbeitung von Konflikten, die gewählten *Unterrichtsmethoden* und die *Techniken zum Erhalt bzw. zur Wiederherstellung der Ordnung.* Die Verhaltensdispositionen beeinflussenden Faktoren sind seitens der Schülerinnen und Schüler ihr jeweiliges *Selbstkonzept*, ihre Fähigkeiten zur *Selbstregulation* und *Selbststeuerung, soziale Kompetenzen* und die Einflüsse des sozialen Umfeldes.

Die Ergebnisse des Unterrichts bezogen auf erreichte Ziele, die Zeitnutzung, die Lernergebnisse sind zu bilanzieren, um darauf basierend die nächste Unterrichtsstunde zu konzipieren.

Unterrichtstheorie im engeren Sinn strukturiert nicht direkt die didaktischen Handlungen der Lehrkräfte, sondern beschreibt und erklärt die wiederkehrenden Muster des Geschehens im Unterricht, die dann in einer didaktischen Theorie aufgegriffen und in technologische Regeln transformiert werden können. Ganz unterschiedliche Teiltheorien über Unterricht sind denkbar, z.B. Theorien zum Lernen im Unterricht, Theorien der Unterrichtssteuerung, der Kommunikation/Interaktion im Unterricht, aber auch Theorien zu kulturspezifischen Unterrichtskonzepten, zur Lehrerrolle oder zum heimlichen Lehrplan.

Wir werden einige Konzepte der Unterrichtstheorie und der didaktischen Anwendung im Detail vorstellen, die in der aktuellen bildungspolitischen Situation von besonderer Bedeutung sind. Wir wollen zeigen, dass eine Unterrichtstheorie ein zur empirischen Wissenslage (vgl. Wellenreuther 2004) passendendes Unterrichtsraster entwickeln muss, damit die dieses Wissen anwendende Lehrkraft, aber auch eine Beobachterin oder Unterrichtsforscherin die Relation eines einzelnen Aspekts zur Gesamtheit der Geschehnisse im Unterricht im Blick behalten kann. Dieses System der Aspekte in ihrer Wechselwirkung erlaubt die Ableitung kontextbezogener technologischer Regeln des Handelns. Diese Regeln des Handelns auf systematischer und empirischer Basis sind die Grundbausteine der Lehr- und Erziehungskompetenz. Die einzelne Lehrkraft schöpft aus dem Angebot von begründbaren Handlungsmöglichkeiten und baut durch Erprobung und Reflexion daraus ihr subjektives Ausführungsmodell der pädagogischen Handlungsmöglichkeiten.

Was ist guter Unterricht?

In diesem Kapitel wird problematisiert, inwiefern (gut gemeinte) Vorstellungen über »guten Unterricht« und empirische Befunde über Unterricht (Wirkungsstudien) zueinander passen oder sich widersprechen. Wir stellen verschiedene Unterrichtskonzeptionen vor (wie den lehrergeleiteten, den schülerorientierten, offenen, den konstruktivistischen und adaptiven Unterricht und kooperatives und zielerreichendes Lernen) und erörtern die Wirksamkeit eines an diesen Konzeptionen orientierten Unterrichts auf der Grundlage empirischer Befunde. Abschließend diskutieren wir Dimensionen von Unterricht unter dem Aspekt der Steigerung von Unterrichtsqualität.

Unterrichtskonzeptionen zwischen normativen Setzungen und empirischen Befunden

Eine Aufgabe von Unterrichtstheorie besteht in der Entwicklung eines Kategoriensystems zur Beschreibung von wichtigen Aspekten des Unterrichtsgeschehens und in der Benennung von Qualitätsindikatoren und Bezugssystemen für die Beurteilung von Unterricht.

In das Verständnis von gutem Unterricht gehen in der Regel empirische und normative Orientierungen ein. Sinnvolle normative Konzepte sind z.B. das Stärken von Selbstwert, das Unterstützen von Identitätsbildung und das Fördern einer demokratischen Orientierung. In der Bundesrepublik Deutschland wurde lange Zeit eine Diskussion über die Qualität von Unterricht und dafür geeignete Methoden geführt, ohne in hinreichender Weise die Ergebnisse empirischer Unterrichtsforschung zur Kenntnis zu nehmen; sie war normativ bestimmt, wo empirische Klärung sinnvoll gewesen wäre (vgl. Wellenreuther 2004). Es klingt für manche zwingend, wenn gefordert wird, Schülerinnen und Schüler zum Erreichen von Selbstständigkeit im Unterricht Wahlmöglichkeiten anzubieten und keine Methoden zu verwenden, bei der die Schrittfolge des Lernens durch die Lehrkraft bestimmt wird. Hier wird das sinnvolle Ziel an die normative Idee der selbstständigen Arbeit durch Wahlfreiheit geknüpft und die notwendige Stützung der Entwicklung von Selbstständigkeit durch äußere Angebote unterschlagen (vgl. Savater 1998). Durch derart kurzschlüssiges Denken wurden vielfach Mythen über Unterricht transportiert.

Unter dem Gesichtspunkt des Aufbaus angemessener Kompetenzen wird erfolgreichen Lernprozessen, die sich in guten Schulleistungen zeigen, Gewicht eingeräumt. Dabei wird auch danach gefragt, wie ein Unterricht aussehen muss, der nicht nur die begabten Kinder fördert, sondern der sich an Kinder aus weniger begünstigten sozialen Milieus richtet. Franz E. Weinert bezeichnet einen Unterricht dann als gut, »wenn er zugleich motivierend, leistungswirksam und entwicklungsförderlich ist« (Weinert 1998, 9). Damit formuliert er Ziele, will Wirkungen erfassen und nennt normative Beurteilungskriterien. Ein solcher Unterricht kann nur durch eine komplexe Unterrichtskonzeption realisiert werden.

Die in diesem Kapitel aufgeführten Begriffe sollen Aspekte des Unterrichtsgeschehens markieren, für deren Bedeutung es empirische Belege gibt. Um sie durch Planungsprozesse und Ausführungssteuerung zu realisieren, bedarf es noch weiterer Konzepte, die in den darauf folgenden Kapiteln aufgezeigt werden. Einige der Konzepte und der Belege dafür, worauf zu achten ist, wenn ein qualitativ hochwertiges Unterrichtsgeschehen erzeugt werden soll, werden nun entfaltet.

Zur Unterscheidung von Unterrichtskonzeptionen

Es sollen im Folgenden verschiedene Varianten von Unterricht vorgestellt und in ihren Wirkungen betrachtet werden. Das Konzept des *lehrergeleiteten Unterrichts* (oder der *direkten Instruktion*) ist durch folgende Merkmale gekennzeichnet:

- Möglichst anspruchsvolle Lern- und Leistungsziele,
- eine intensive Nutzung der Lernzeit,
- eine hohe Lernstoffrelevanz,
- das Zerlegen des Stoffes in überschaubare, sinnvolle Lerneinheiten,
- verständliche Darstellungen bei der Präsentation des Stoffes oder kluge fragend-entwickelnde Dialogformen,
- Aufwerfen von Fragen und Problemen auf verschiedenen Schwierigkeitsstufen,
- Überwachung der Lernwege der Schüler,
- Unterrichtssteuerung bei Beobachtung der individuellen Lernfortschritte,
- Rückmeldungen beim Auftreten von Lernschwierigkeiten,
- Hilfen bei der schnellen Überwindung von Leistungsschwierigkeiten,
- eine störungspräventive, unterbrechungsarme und arbeitsorientierte Klassenführung,
- geduldiges Abwarten bei sich verzögernden Schülerantworten,
- variable Übungen und Anwendungen (Treiber/Weinert 1982, 265; Weinert 1998).

Lehrergeleiteter Unterricht oder direkte Instruktion kann unterschiedliche Lehrverfahren implizieren wie das darbietende Lehrverfahren, das fragend-entwickelnde Lehrverfahren, genetischsokratische Lehrverfahren oder das entdecken-lassende Lehrverfahren. *Darbietende Lehrverfahren* sind durch den Lehrervortrag oder die Lehrstoffvermittlung strukturiert; die Schüler konzentrieren sich auf das Zuhören und das gedankliche Mitvollziehen. Bei *fragend-entwickelnden Lehrverfahren* geht es um die Erarbeitung von Sachverhalten durch die Lernenden; dabei wird das Denken der Lernenden durch eine planmäßige Abfolge von Fragen und Impulsen durch die Lehrkraft strukturiert. Das *genetisch-sokratische Lehrverfahren* gestaltet sich als freies, durch Impulse der Lehrkraft geleitetes Unterrichtsgespräch, in dem Schülerinnen und Schüler zur Entdeckung eines Problems oder Themas, Formulierung und Prüfung von Vermutungen, Entwickeln von Vorhersagen und zu eigenständigem Denken angeregt werden. Das *entdecken-lassende Lehr-*

verfahren ermöglicht Schülerinnen und Schülern innerhalb einzelner Unterrichtssequenzen, selbstständig Informationen zu beschaffen, etwas zu erkunden, zu dokumentieren oder zu experimentieren. Bei Verwendung verschiedener Lehrverfahren sind jeweils unterschiedliche Arbeits- und Sozialformen denkbar. Den verschiedenen Formen der Stillarbeit und der dabei hochgradig individualisierten Unterstützung der Lernenden durch die Lehrkraft kommt dabei besondere Bedeutung zu (vgl. Weinert 2001, 83). Franz E. Weinert nennt folgende Aspekte als Vorteile der direkten Unterweisung: Sie ist vorkenntnissensitiv, d.h. die Lernziele und Lernanforderungen können auf die Vorkenntnisse der Schülerinnen und Schüler abgestimmt werden. Das Tempo des Unterrichts, seine Schwierigkeitsgrade und die Lernanforderungen können den Kenntnissen, Lernfortschritten und Lernschwierigkeiten angepasst werden. Sie ist fair, zielt sie doch auf die Förderung aller, auch der leistungsschwächeren Schülerinnen und Schüler und ist bezogen auf das Kriterium des Erzielens eines möglichst großen Lernfortschritts bei allen Schülerinnen und Schülern und des Abbaus unerwünschter Leistungsdifferenzen wirksam (Weinert 1998, 11f.).

Schülerorientierter, offener Unterricht zielt auf Selbsttätigkeit von Kindern oder Jugendlichen. Er kann auf verschiedenen Dimensionen und in unterschiedlichem Grad geöffnet sein, nämlich bezogen auf die Raumgestaltung, die Lehr- und Lernziele, die Inhalte, Lehr- und Lernmethoden, die Arbeits- und Sozialformen, die Lernmaterialien, die Lernzeit und die verwendeten Kriterien der Bewertung (vgl. auch Kiper 2001, 151ff.). Beim offenen Unterricht legen die Schülerinnen und Schüler selbst die Ziele und Wege zum Erreichen fest; die Lehrkraft beschränkt sich auf das Anbieten von Ratschlägen und Hilfen. So erfahren die Lernenden Freiheit und Selbstbestimmung.

Beim *Projektunterricht* geht es um die Nutzung des Gelernten für die Bearbeitung von Frage- und Problemstellungen, um die Anwendung erworbenen Wissens in verschiedenen lebenspraktischen Situationen und um den Erwerb bedeutsamen Wissens in relevanten Kontexten des Alltags.

Kooperatives Lernen geschieht, wenn Schülerinnen und Schüler in Kleingruppen von 4 bis 6 Personen »gemeinsam einen Lernstoff erarbeiten. Die Schüler fungieren dabei nicht nur als *Lerner*, sondern auch als Lehrer ihrer Klassenkameraden. Ziel dieser Gruppenarbeit ist es, dass sich die Schüler gegenseitig anregen, Ideen zur Lösung eines Problems entwickeln, gemeinsame Lösungswege erarbeiten und sich gegenseitig des Konzeptverständnisses versichern, indem sie dafür Sorge tragen, dass nach der Lösungsphase jedes Gruppenmitglied in der Lage ist, den Lösungsweg zu erklären« (Gruehn 2000, 48). Von Bedeutung ist das reziproke Lernen und Lehren, bei dem Schüler abwechselnd die Rolle des Lernenden und des Lehrenden übernehmen (vgl. auch Weinert 2001, 83).

Konstruktivistischer Unterricht basiert auf der Annahme, dass der Wissenserwerb eine aktive Konstruktion des Lernenden ist, die auf vorhandenen Vorstellungen in dem betreffenden Wissensbereich aufbaut. Der *Lerner* und sein aktives, selbst gesteuertes und selbst reflexives Lernen stehen im Mittelpunkt der Betrachtung. In einem, dem konstruktivistischen Unterricht verpflichteten Paradigma, kommt der Lehrkraft die Aufgabe zu, die Wissenskonstruktion von Schülerinnen und Schülern zu unterstützen durch das Bereitstellen von Lerngelegenheiten in einer dem Vorwissen der Schülerinnen und Schüler angemessenen Form. Ihr obliegt die Aufgabe, Lernarrangements so zu strukturieren, dass Lernen für alle möglich wird. Die Lernaktivitäten der Schülerinnen und Schüler sind zu überwachen (Monitoring), anzuleiten und anzupassen. Im konstruktivistischen Unterricht wird ein Vorgehen gewählt, bei dem durch die Präsentation eines Problems zu Beginn einer Unterrichtssequenz die Schüler zur Offenlegung ihrer Alltagsvorstellungen gebracht werden; ausgehend von diesen wird durch verschiedene Methoden zu einer wissenschaftlichen Betrachtung des Problems aufgefordert (vgl. Gruehn 2000, 28).

Adaptiver Unterricht baut darauf auf, dass bestimmte Instruktionsformen in Abhängigkeit von einzelnen Schülermerkmalen unterschiedlich wirken. »Daher sollen beim adaptiven Unterricht Instruktionsprozesse so gestaltet werden, dass interindividuelle Unterschiede zwischen den Schülern einer Klasse durch den Einsatz variabler Unterrichtsmethoden berücksichtigt und damit Lernprozesse optimiert werden« (Gruehn 2000, 57; vgl. auch Kiper 2002, 168ff.).

Zielerreichendes Lernen (engl.: *mastery learning*) ist ein Oberbegriff für solche Ansätze, »deren Gemeinsamkeit in der Festlegung eines Lernziels besteht, welches alle Schüler erreichen sollen durch häufige Rückmeldung des Lernfortschritts sowie die Bereitstellung zusätzlicher Unterrichtseinheiten für solche Schüler, die das Lernziel nicht beim ersten Mal erreichen« (Gruehn 2000, 38).

Individualisiertes selbstständiges Lernen zielt darauf, dass Schülerinnen und Schüler die Fähigkeit erwerben, das eigene Lernen zu organisieren, zielgerichtet zu steuern, zu überwachen, zu bewerten und zu korrigieren. Dafür bedarf es vielfältiger didaktischer Unterstützung (vgl. Weinert 2001, 83f.).

Unterrichtskonzeptionen und ihre Wirksamkeit

Bezogen auf die verschiedenen Formen des Unterrichts zeigen empirische Studien insgesamt die Überlegenheit *direktiven, lehrergeleiteten Unterrichts* im Hinblick auf den Erwerb von Fachwissen. »Die höchsten Durchschnittsleistungen und Lernzuwächse mit geringen Leistungsdivergenzen zeigen Klassen, in denen Lehrer überdurchschnittlich viele Merkmale der direkten Instruktion realisieren« (Gruehn 2000, 45). Dabei scheint vor allem ein unterstützender (und nicht autoritär geleiteter) lehrerkontrollierter Unterricht in positivem Zusammenhang mit Lernzuwächsen, positiven Lerneinstellungen und aufgabenorientiertem Aufmerksamkeitsverhalten zu stehen.

Direktiv unterrichtete Schülerinnen und Schüler zeigen deutliche Leistungsvorteile gegenüber solchen, die in Formen *offenen Unterrichts* unterrichtet wurden. »Auch im Kreativitätstest schnitten die nach offener Instruktion unterrichteten Schüler nicht besser ab als jene in traditionellen Unterrichtsarrangements. Ebenso bestanden im motivationalen Bereich keine bzw. leichte Unterschiede zuungunsten des offenen Unterrichts« (Gruehn 2000, 49).

Kooperative Lernformen scheinen gegenüber traditionellen bzw. kompetitiv angelegten Unterrichtsmethoden als überlegen, wenn das durchschnittliche Lernergebnis aller Gruppenmitglieder bewertet wird, d.h. alle Mitglieder einer Lerngruppe dafür Sorge tragen müssen, dass alle den Lernstoff lernen. Diese Lernform zeitigt die besseren Ergebnisse vor allem dann, wenn zusätzliche Formen reziproker Instruktion verwendet werden, die den Schülern kognitive Lernstrategien zur Erhöhung des Verständnisses von Texten oder mathematischen und naturwissenschaftlichen Konzepten vermitteln.

Bezogen auf einen *konstruktivistisch angelegten Unterricht* erscheint vor allem ein solcher als erfolgreich, der Lehrkräften und Schülerinnen und Schülern ermöglicht, ihre Interpretationen und Sichtweisen von Gegenständen und Phänomenen einzubringen und auszutauschen, um auf dieser Grundlage zu einer gemeinsamen Wissenskonstruktion zu gelangen und wenn diese Austausch- und Aushandlungsmodelle über Wissensgegenstände dazu beitragen, Lernaktivitäten und Kommunikation aufrechtzuerhalten.

Defizite des Unterrichts

Franz E. Weinert setzte sich – auf der Grundlage der Ergebnisse der TIMS-Studie – mit Defiziten im naturwissenschaftlichen Unterricht auseinander und verlangte eine grundlegende Unterrichtsreform mit dem Ziel der Verbesserung des schulischen Lernens. Er formulierte, dass es darum geht, mehr Wissen und bessere Kompetenzen zu vermitteln und das intellektuelle Leistungsniveau zu erhöhen. Der Wissenschaftler stellte heraus, dass der Unterricht zu inhaltsbezogen und wenig verständnisintensiv ist. Auf der Grundlage oberflächlicher Vorkenntnisse und bei ausreichender Intelligenz sei es Schülerinnen und Schülern möglich, mittelschwere Texte zumindest soweit zu verstehen, dass sie einen informierten Eindruck hinterlassen könnten, ohne den Inhalt tiefgehend verstanden und die damit verbundenen kognitiven Kompetenzen persönlich erworben zu haben. Weinert plädierte daher für einen Unterricht, der ein vertieftes Verständnis von Sachverhalten und Phänomenen auf-

baut. Als Zweites kritisierte er einen »pseudohaft leistungsbezoge-
nen Unterricht«, der nicht auf Lernen angelegt ist. Auf der Grundlage der Unterscheidung von Lern- und Leistungssituationen ver-
deutlichte er, dass nur in Lernsituationen Wissenslücken geschlossen werden können, unklar Gebliebenes benannt und bearbeitet
werden kann. In Leistungssituationen gehe es darum, Erfolge zu erzielen, Misserfolge zu vermeiden und sich gut zu präsentieren.
Würden im Unterricht pseudohafte Leistungssituationen überwie-
gen, misslänge die Gestaltung einer Lernkultur. »Aufgabe eines guten Unterrichts ist es, Lern- und Leistungssituation im Bewusstsein
der Schüler so zu separieren, dass eine produktive Lernkultur entstehen kann« (Weinert 2001, 72). Außerdem problematisierte er,
dass der Unterricht zwar »wissensbezogen«, aber »zu wenig anwen-
dungsorientiert« sei (Weinert 2001, 73). Er führte aus, dass systematisch erworbenes Wissen anders organisiert und strukturiert sei;
daher sei es oft in praktischen Anwendungssituationen nicht abruf-
bar, bleibe träge und ungenutzt und könne für die Lösung von
Problemen nicht herangezogen werden. Er betonte: »Neben einem
wohlorganisierten disziplinären Wissenserwerb bedarf es von An-
fang an einer Nutzung des erworbenen Wissens in lebensnahen,
transdisziplinären, sozialen und problemorientierten Kontexten.
Die Förderung sowohl des situierten als auch des systematischen
Lernens ist eine wesentliche Bedingung für den Erwerb intelligenten, flexibel nutzbaren Wissens« (Weinert 2001, 73). Er kritisierte,
dass der Unterricht zwar informierend, aber zu wenig qualifizie-
rend sei. »Für die Bewältigung einer Aufgabe qualifiziert zu sein,
heißt nicht nur, über das erforderliche deklarative Wissen zu verfügen, sondern bedeutet auch, ein kognitives Netzwerk erworben zu
haben, in dem bewusst zugängliche Kenntnisse, hochautomatisierte
Fertigkeiten, intelligente Strategien der Wissensnutzung, ein Gespür dafür, was und wie gut man etwas weiß, eine positiv-
realistische Selbsteinschätzung und schließlich eine den eigenen
Kompetenzen innewohnende Handlungs- und Lernmotivation
miteinander verbunden sind« (Weinert 2001, 73).

Franz E. Weinert kritisierte naive pädagogische Fehlannahmen wie
die, Wissen sei altmodisch, inhaltsspezifisches Lernen überflüssig

und durch den Erwerb einer allgemeinen Lernkompetenz oder durch den Erwerb allgemeiner Schlüsselqualifikationen zu ersetzen.

> *»Der menschliche Geist ist (...) von Natur aus nicht darauf einge-*
> *richtet und nicht kurzfristig darauf zu programmieren, fehlendes*
> *Wissen durch Metawissen zu ersetzen; mangelnde Qualifikationen*
> *durch Schlüsselqualifikationen zu kompensieren; statt inhaltliches*
> *Wissen zu erwerben vorwiegend das Lernen zu lernen; als Heran-*
> *wachsende keine grundlegende Allgemeinbildung zu erwerben und*
> *doch lebenslang erfolgreich zu lernen; statt die Lernsteuerung*
> *kompetenter Pädagogen zu nutzen, wird im Menschen eine auto-*
> *nome, zugleich kompetente Lernmaschine vermutet, die dafür*
> *sorgt, dass jeder das erwirbt, was er braucht«* (Weinert 2001, 75).

Unterrichtsqualität als Ergebnis des Zusammenspiels von Faktoren

Aus den vorgestellten Überlegungen geht hervor, dass es notwendig ist, passend zu den zu organisierenden Lernprozessen eine Unterrichtskonzeption zu wählen. Auch bezogen auf die Diskussion um Unterrichtsqualität geht es zunehmend nicht mehr nur um das Erfassen einzelner Qualitätsmerkmale, sondern darum, charakteristische *Muster erfolgreichen Unterrichts* zu identifizieren. Im Folgenden soll ein kurzer Überblick über die Diskussion zum Thema Unterrichtsqualität gegeben werden.

Der Unterrichtsforscher Andreas Helmke (2003, 123) fasste – nach Brophy – den Stand der Erkenntnis zu wichtigen Aspekten der Unterrichtsqualität in folgenden Punkten zusammen: Unterstützendes Klima im Klassenzimmer, Lerngelegenheiten, Orientierung am Lehrplan, Aufbau einer Lern- und Aufgabenorientierung, innerer Zusammenhang der Inhalte, gut durchdachter Unterrichtsplan, Übung und Anwendung, Unterstützung der Lerntätigkeiten, Lehren von Strategien, kooperatives Lernen, kriteriumsorientierte Beurteilung, Leistungserwartungen.

Setzen wir uns mit den Merkmalen auseinander, die Brophy nannte und konfrontieren wir sie mit der Einstellung, die sich manchmal in Schulen wiederfinden lässt, dann verweist das Merkmal »unterstützendes Klima im Klassenzimmer« auf die Frage, ob sich bei den Lehrkräften eine engagierte und förderliche Haltung finden lässt (»No child left behind«) oder ob sie Schülerinnen und Schüler per se nicht für den Lernprozess geeignet halten. Mit dem Aspekt der »Orientierung am Lehrplan« wird überprüft, ob die Schülerinnen und Schüler einfach nur aktiv sind und irgend etwas machen oder ob die Lehrkraft ihren Unterricht am Lehrplan und an einem systematisch angelegten Arbeitsplan in der Schule orientiert. In eine ähnliche Richtung zielt die Frage nach dem »inneren Zusammenhang der Inhalte«. Hier wird nach dem kumulativen Wissensaufbau durch Unterricht und nach der Abstimmung der Inhalte aus verschiedenen Lernbereichen oder Fächern gefragt. Auch das Kriterium des »gut durchdachten Unterrichtsplans« knüpft hier an, wobei sich diese Frage auf die Inhalte eines Schuljahres, Halbjahres, einer Unterrichtseinheit ebenso beziehen wie auf die einzelne Unterrichtsstunde und ihre Einbettung in den Gesamtkontext. Bezogen auf die Merkmale »Leistungserwartungen« und »Aufbau einer Lern- und Aufgabenorientierung« geht es darum, eine Leistungs- und Lernkultur zu fördern, die für die sinnvolle Bearbeitung von Aufgaben genutzt wird. »Unterstützung der Lerntätigkeit«, »Lehren von Strategien« und »kooperatives Lernen« zielen darauf, Schülerinnen und Schüler als mitverantwortlich für ihren Lernprozess zu begreifen und sie darin zu unterstützen, diese Mitverantwortung zu tragen. Bezogen auf das Merkmal der »kriteriumsorientierten Beurteilung« geht es darum, Schülerinnen und Schülern fachliche Erwartungen deutlich zu markieren und daran orientiert eine transparente Leistungsmessung und -beurteilung vorzunehmen.

Ditton (2000) legte eine detaillierte Gliederung bedeutsamer Faktoren des Unterrichts vor (vgl. Helmke 2003, 126). Ditton ordnet die Merkmale guten Unterrichts unter vier Gesichtspunkten, nämlich Qualität, Motivierung, Angemessenheit und Unterrichtszeit. Unter dem Stichwort »*Qualität*« wird die Notwendigkeit eines angemessenen Tempos und Medieneinsatzes angesprochen und nach der »Übungsintensität« im Unterricht gefragt. Unter dem Gesichtspunkt der »*Motivierung*« wird auf die Relevanz und Bedeutung der Inhalte für die Schülerinnen und Schüler, auf das Wecken von Neugier und Interesse, auf das Sozialklima in der Klasse und auf das Vermeiden von Leistungsangst abgehoben. Durch die Verbindung mit den unter Qualität aufgeworfenen Faktoren wird deutlich, dass es hier nicht darum geht, Formen der Motivierung auf Kosten der sachlichen Anforderungen zu erreichen. »Angemessenheit« und Passung zeigen sich bei den Schwierigkeitsgraden von Aufgabenstellungen und den Anspruchsniveaus des Unterrichts, in diagnostischer Sensibilität, in Differenzierung und Individualisierung und Unterstützung. Lernergebnisse der Schülerinnen und Schüler hängen in hohem Maße von der genutzten Lernzeit ab. Sie ergibt sich aus der zur Verfügung gestellten *Unterrichtszeit* und ihrer tatsächlichen Nutzung als Lernzeit und durch die Zeit, die außerhalb des Unterrichts für das Lernen genutzt wird. Das ist auch eine Frage der Klassenführung.

Creemers (1994a, b) entwickelte ein Modell zur Ausdifferenzierung des Konstrukts Qualität des Unterrichts. Er dimensionierte sie dreifach, nämlich als Qualität der Lehrpläne und ihrer Umsetzung, der Gruppierungsmethoden und Maßnahmen innerer Differenzierung und der Merkmale des Lehrerverhaltens. Bezogen auf die *Qualität der Lehrpläne* geht es um den Stoffumfang und den durch die Lehrpläne angeleiteten kumulativen Wissensaufbau, um die tatsächlichen Lerngelegenheiten in einer Schulklasse, hier also um den Umfang der zur Verfügung gestellten Schulstunden und ihrer tatsächlichen Nutzung als Lernzeit, um die Strukturierung und Klarheit der Lerninhalte, die Kontrolle der Lernergebnisse und ihre Rückmeldung an die Schülerinnen und Schüler. *Maßnahmen innerer Differenzierung* beziehen sich auf Gelegenheiten, Formen kooperativen Lernens zu praktizieren. Sie sind besonders wirksam, wenn sie individuell auf einzelne Schülerinnen und Schüler abgestimmt sind. Individuelle Rückmeldungen sind ebenso wichtig wie Formen adaptiven Unterrichts. Als besonders wirksam erscheinen folgende *Merkmale des Lehrerverhaltens* wie

- »ein effizientes Klassenmanagement, das Störungen frühzeitig beseitigt und damit genügend Unterrichtszeit für die Stoffvermittlung bereitstellt,

- wohldosierte Hausaufgaben,
- klare Zielsetzung und Strukturierung der Lerninhalte gemäß den hierarchisch geordneten Lernzielen,
- Klarheit der Stoffpräsentation,
- Fragen höherer und niedriger Ordnung, die gleichzeitig die Aufmerksamkeit der Schüler aufrechterhalten und zur Kontrolle des Lernfortschritts verwandt werden können sowie
- die Überprüfung der Lernzielerreichung mit gezielter Rückmeldung und ggf. der Bereitstellung neuer Lerngelegenheiten« (Creemers, zitiert nach Gruehn 2000, 10).

Slavin (1987, 1994) betrachtet alle Elemente, die Schülerleistungen beeinflussen und nennt »die Qualität des Unterrichts und die zugestandene Lernzeit, die direkt durch den Lehrer gesteuert werden, und aufseiten der Schüler die Fähigkeit, dem Unterricht zu folgen sowie ihre Ausdauer« (Gruehn 2000, 10f.). Der Part der Schülerinnen und Schüler kann durch die Wahl eines angemessenen Schwierigkeitsgrades bei den Aufgabenstellungen und durch einen hohen Anreizwert des Unterrichts (durch Motivation und Interessensweckung) beeinflusst werden.

Wie anhand dieser Studien deutlich wird, lässt sich die Qualität von Unterricht nicht durch einzelne Merkmale allein beschreiben; es gibt keine einzelnen Faktoren (z.B. Unterrichtsmethoden oder Verhaltensweisen einer Lehrkraft), die eine Überlegenheit zur Konsequenz hätten. Stattdessen ist das *Zusammenspiel mehrerer Komponenten* in den Blick zu nehmen.

Andreas Helmke und Franz E. Weinert fanden einen Zusammenhang zwischen Merkmalen des Unterrichts und dem Leistungszuwachs in Mathematik: »Erfolgreiche Klassen sind durch ein charakteristisches Muster gekennzeichnet. Von besonderer Bedeutung ist die effiziente *Klassenführung*. Der Unterricht erfolgreicher (...) Lehrer erfolgt kontinuierlich; die Übergänge zwischen Unterrichtsphasen sind kurz, reibungslos und verlaufen regelhaft; es gibt nur minimale Pausen zwischen verschiedenen Unterrichtsepisoden; das nötige Lernmaterial steht durchweg zur Verfügung. Hinzu kommt der Aspekt der *Zeitnutzung*: die verfügbare Unterrichtszeit wird für die Behandlung des Stoffes genutzt; man kommt gleich

›zur Sache‹, schweift nicht vom Lerninhalt ab und vermeidet unnötige Exkurse; Nebensächliches wird kurz und knapp erledigt bzw. aus dem Unterricht ausgelagert. Diese Form der Unterrichtsführung ist verknüpft mit einer höheren *Motivierungsqualität* des Unterrichts, die sich in aktiver Beteiligung der Schüler am Unterrichtsgeschehen und dem vergleichsweise seltenen Vorkommen passiver Formen der Unaufmerksamkeit (in Form etwa von Träumen, Dösen etc.) manifestiert. Eine weitere wichtige Bedingung für überdurchschnittliche Leistungszuwächse im Fach Mathematik ist ein hohes Ausmaß an *Strukturiertheit* des Lehrervortrags. Die Ausdrucksweise ist kurz, prägnant und direkt; zugleich werden häufige aufmerksamkeitsregulierende Bemerkungen (...) gemacht, die das Verständnis des Stoffs erleichtern sollen; Hinweise auf Zusammenhänge zwischen verschiedenen Teilen des Stoffs werden explizit gegeben. Hierzu passt das aus Schülerperspektive erhobene Merkmal der *Klarheit*: (...). Aber auch die Intensität der *individuellen fachlichen Unterstützung* spielt eine wichtige Rolle (...): Die durchschnittliche Leistungsentwicklung ist umso günstiger, je aktiver sich Lehrer – insbesondere in Phasen der Stillarbeit – direkt einschalten, indem sie beispielsweise von Tisch zu Tisch gehen, um das Lernverhalten der Schüler zu überwachen, zu diagnostizieren, um Hinweise zu geben oder gegebenenfalls zu intervenieren. (...) Schließlich sind erfolgreiche Lehrer auch durch eine ausgeprägtere *Variabilität* unterschiedlicher Sozialformen und Unterrichtsmethoden gekennzeichnet« (Helmke/Weinert 1997, 248f.).

Diese Überlegungen zeigen, dass es nicht darum gehen kann, einzelne Merkmale guten Unterrichts zu identifizieren, sondern zu den zu organisierenden Lernprozessen passende Unterrichtskonzeptionen zu wählen und »charakteristische Muster« erfolgreichen und guten Unterrichts zu gestalten.

Kompetenzen und Standards

Leitorientierungen bei der Inhaltsauswahl

In der Bundesrepublik Deutschland wurden lange Zeit Themen des Unterrichts vor allem unter einer inhaltlichen Perspektive ausgewählt. Dabei spielten die Überlegungen des Pädagogen und Didaktikers Wolfgang Klafki (geb. 1927) ebenso eine Rolle wie die konzeptionellen Vorschläge des Curriculumreformers Saul B. Robinsohn.

Auf dem Hintergrund einer Auseinandersetzung mit dem Bildungsbegriff und einer Bestandsaufnahme gesellschaftlicher Entwicklungen in Gegenwart und Zukunft, dimensionierte Wolfgang Klafki Allgemeinbildung erstens als enge Verbindung von Selbstbestimmungs-, Mitbestimmungs- und Solidaritätsfähigkeit und zweitens als Bildung für alle, die auf alle Fähigkeiten der Menschen abzielt. Inhaltlich bestimmte er Allgemeinbildung durch solche Problemstellungen, die die Menschen gemeinsam angehen und konkretisierte sie durch epochaltypische *Schlüsselprobleme* wie z.B. Probleme des Nord-Süd-Gefälles, Fragen von Krieg und Frieden, ökologische Probleme, soziale Ungleichheit, Arbeit und Arbeitslosigkeit, das Verhältnis der Geschlechter und Generationen zueinander, Möglichkeiten und Gefahren der Technik- und Medienentwicklung und die Subjektivität und menschliche Verantwortung des Einzelnen (vgl. Klafki 1985, 21).

Saul B. Robinsohn schlug vor, dass sich die Inhaltsauswahl von Stoffen für den Unterricht nach folgenden Kriterien richten solle, nämlich nach (1) der »Bedeutung eines Gegenstandes im Gefüge der Wissenschaft«, (2) der »Leistung eines Gegenstandes für Weltverstehen, d.h. für eine Orientierung innerhalb einer Kultur und für die Interpretation ihrer Phänomene«, (3) der »Funktion eines

Gegenstandes in spezifischen Verwendungssituationen des privaten und öffentlichen Lebens« (Robinsohn 1969, 47).

Vergleicht man beide Konzeptionen, so dominieren in W. Klafkis Vorschlägen die gesellschaftspolitisch orientierten Auswahlkriterien. Dagegen finden sich bei Saul B. Robinsohn Überlegungen, die auf einen systematischen Wissensaufbau, gestützt auf die Ordnung des Wissens in den Fächern, aber auch auf die Bedeutung eines Gegenstandes für die Entwicklung eines Weltbildes verweisen. Zugleich soll unter funktionalen Aspekten (Verwendungssituationen des Wissens) eine Inhaltsauswahl getroffen werden.

Die international vergleichenden Schulleistungsstudien fragen nach den durch Schule und Unterricht aufgebauten Basiskompetenzen, d.h. nach dem Wissen und Können, das sich in alltäglichen Verwendungssituationen zeigt. Es werden »Basiskompetenzen erfasst, die in modernen Gesellschaften für eine befriedigende Lebensführung in persönlicher und wirtschaftlicher Hinsicht sowie für eine aktive Teilnahme am gesellschaftlichen Leben notwendig sind. Die (...) zugrunde liegende Philosophie richtet sich also auf die Funktionalität der bis zum Ende der Pflichtschulzeit erworbenen Kompetenzen für die Lebensbewältigung im jungen Erwachsenenalter und deren Anschlussfähigkeit für kontinuierliches Weiterlernen in der Lebensspanne« (Deutsches PISA-Konsortium 2001, 16). Die funktionalistische Orientierung des Literacy-Ansatzes zielt auf »Basiskompetenzen in variierenden Anwendungssituationen« (Deutsches PISA-Konsortium 2001, 19). Zugleich wird nach dem Aufbau des Wissens und Könnens und damit nach den Lernprozessen der Schülerinnen und Schüler in den verschiedenen Domänen oder Fächern gefragt.

Wenn wir davon ausgehen, dass Unterricht motivierend, lernwirksam und entwicklungsförderlich sein soll, stellt sich die Aufgabe, geeignete Unterrichtsinhalte auszuwählen, die zum systematischen Aufbau des Wissens beitragen. Die Unterrichtsinhalte sind so zu wählen, dass die Schülerinnen und Schüler hinreichend gefordert und gefördert werden. Das bedeutet, Unterricht auf einem angemessenen Niveau zu planen und durchzuführen. Ein Ergebnis der Auseinandersetzung mit den Bildungsplänen und Rahmenrichtlinien durch international vergleichende Schulleistungsstudien war die Erkenntnis, dass in der Bundesrepublik lange Zeit nicht festgelegt wurde, auf welchem Niveau Inhalte, Fragestellungen und Probleme im Unterricht besprochen werden sollen. Es wurde nicht markiert, welche Standards (im Sinne von Mindeststandards resp. von Regelstandards) am Ende einer Schulstufe oder eines Bildungsgangs gelten und wie der Weg zum Erreichen dieser Standards gedacht wird.

Eine Theorie des Unterrichts muss Überlegungen zum Aufbau von Kompetenzen durch Unterricht einschließen und Hilfen zum Erreichen von Standards geben. Daher gehen wir zunächst auf das Lernen von Kindern und den Kompetenzbegriff ein. Anschließend wird über die Neuausrichtung des Unterrichts auf dem Hintergrund der Festlegung von Bildungsstandards und über Möglichkeiten der Anhebung des Unterrichtsniveaus nachgedacht.

Was Kinder und Jugendliche lernen müssen

Franz E. Weinert führte aus, was Kinder und Jugendliche in der Schule lernen müssen, damit ihre kognitive Entwicklung nicht defizitär verläuft. »Es handelt sich dabei um eine inhaltlich vielfältige Allgemeinbildung, um Strategien zur praktischen Nutzung dieses Wissens, um Kompetenzen zum permanenten selbstständigen Lernen und um ein System von Wertorientierungen, damit aus kognitiven Fähigkeiten gesellschaftlich wertvolle und individuell reflexive Handlungskompetenzen werden« (Weinert 2001, 76).

Der Wissenschaftler betonte die Wichtigkeit einer *inhaltlich relevanten Vorwissensbasis* im Sinne *intelligenten Wissens* für die Verarbeitung neuer Informationen. Unter intelligentem Wissen verstand er »ein wohlorganisiertes, disziplinär, interdisziplinär und lebenspraktisch vernetztes System von flexibel nutzbaren Fähigkeiten, Fertigkeiten, Kenntnissen und metakognitiven Kompetenzen. Voraussetzung dafür und Resultat davon ist ein sachlogisch aufgebautes, systematisches, inhaltsbezogenes Lernen, das grundlegende Kenntnislücken, Verständnisdefizite und falsche Wissenselemente vermeidet. Der kognitive Mechanismus dieser Lernform ist der vertikale Lerntransfer, durch den automatisch die Wirksamkeit des

Wissenserwerbs im gleichen Inhaltsgebiet erleichtert, zum Teil überhaupt erst möglich wird« (Weinert 2001, 76). Als geeignete Unterrichtsform nannte er die direkte Unterweisung im Sinne des lehrergesteuerten, systematischen und verständnisintensiven Unterrichts.

Um erworbenes Wissen in situativen Kontexten variabel anwenden zu können, sind situierte Strategien der Wissensnutzung erforderlich. Daher ist ein aktives, kreatives und auch situiertes Anwenden des Wissens in lebensnahen Lernarrangements, die dazu herausfordern, das Gelernte durch interdisziplinär angelegte Aufgabenstellungen in sozial eingebetteten Situationen anzuwenden, erforderlich. Der kognitive Mechanismus ist der horizontale Lerntransfer (vgl. Weinert 2001, 77f.). Als Unterrichtsformen eignen sich z.B. der Projektunterricht und vielfältige, originell gestaltete Übungs- und Anwendungsaufgaben.

Der Erwerb metakognitiver Kompetenzen durch lateralen Lerntransfer steht in engem Zusammenhang mit vertikalen und horizontalen Transferprozessen (vgl. Weinert 2001, 78). Das Lernen des Lernens oder der Erwerb so genannter Schlüsselqualifikationen stehen in engem Verbund mit inhaltlichem Wissen. Dafür eignen sich Formen geöffneten Unterrichts und des selbstständigen Lernens.

Franz E. Weinert verdeutlicht, dass die Wertorientierung bei der Nutzung von Kompetenzen entscheidende Unterschiede setzt. Neben vorbildlichem Handeln, fairem Sozialverhalten und lebensnahen Beispielen fordert er eine Unterrichts- und Schulkultur, bestimmt von verbindlichen Regeln und das Einüben in reflexive Diskurse unter ethischer Perspektive.

Zum Kompetenzbegriff

Franz E. Weinert stellte 1999 in einem umfangreichen Gutachten verschiedene Begriffsvarianten für Kompetenz vor, nämlich »(1) Kompetenzen als allgemeine intellektuelle Fähigkeiten im Sinne von Dispositionen, die eine Person befähigen, in sehr unterschiedlichen Situationen anspruchsvolle Aufgaben zu meistern. (2) Kompetenzen als funktional bestimmte, auf bestimmte Klassen von Situationen und Anforderungen bezogene kognitive Leistungsdispositionen, die sich psychologisch als Kenntnisse, Fertigkeiten, Strategien, Routinen oder auch bereichsspezifische Fähigkeiten beschreiben lassen. (3) Kompetenzen im Sinne motivationaler Orientierungen (...). (4) Handlungskompetenz (...). (5) Metakompetenzen als Wissen, Strategien oder auch Motivationen, die den Erwerb und die Anwendung von Kompetenzen in verschiedenen Inhaltsbereichen erleichtern. (6) Schlüsselkompetenzen (...)« (Klieme 2004, 11).

Nach Franz E. Weinerts Vorschlag soll der Begriff der Kompetenzen »die bei Individuen verfügbaren oder durch sie erlernbaren kognitiven Fähigkeiten und Fertigkeiten, um bestimmte Probleme zu lösen, sowie die damit verbundenen motivationalen, volitionalen und sozialen Bereitschaften und Fähigkeiten, um die Problemlösungen in variablen Situationen erfolgreich und verantwortungsvoll nutzen zu können« (Weinert 2001, 27f.), umfassen. Kompetenzen sind an spezifische Gegenstände, Inhalte, Wissens- und Fähigkeitsbereiche gebunden.

In internationalen Schulleistungsstudien ist der Begriff der Kompetenz an notwendiges Wissen und Können zur Bewältigung von Alltagssituationen geknüpft, ist also *funktionalistisch* gefasst und schließt nur bedingt an die Bildungstradition an (Literacy-Konzeption). Er bezieht sich auf eine Domäne, ist also *inhaltlich* ausgerichtet. Es wird jeweils ausgewiesen, was unter Lesekompetenz, unter mathematischer und naturwissenschaftlicher Kompetenz gefasst wird. Kompetenz wird *gegliedert* in bestimmte Bestandteile. So wird z.B. in der PISA-Studie Lesekompetenz zerlegt in die drei Bereiche: Informationen ermitteln, textbezogen Interpretieren und Reflektieren und Bewerten. Von daher enthalten diese Kompetenzen verschiedene Teilkompetenzen. Kompetenz wird auf einer Skala abgebildet und *in verschiedene Stufen* unterteilt. Mit der Stufung ist eine normative Setzung verbunden, was am Ende der Grundschule (Primarbildung) oder am Ende des Sekundarbereichs I (Grundbildung) gewusst und gekonnt werden soll, um anschlussfähig weiter lernen zu können. Kompetenz wird als *messbar* verstanden und durch bestimmte Sorten von Aufgaben erfasst. In internationalen Schulleistungsstudien wird nach dem Weg zum Aufbau von Kompetenzen gefragt. Damit unterscheidet sich dieser

Kompetenzbegriff deutlich von Ansätzen, bei denen eine allgemeine Handlungskompetenz angenommen und diese mehrfach dimensioniert wird, z.b. in Sachkompetenz, Methodenkompetenz und Sozialkompetenz (Peterßen 1999, 12).

Standards

Bei der Diskussion über *Standards* geht es um die Frage, was Kinder und Jugendliche eines gewissen Alters wissen und können sollen und was von ihnen erwartet werden darf. Standards sind mehr oder weniger umfangreiche, in sich gestufte und verbindliche Festlegungen darüber, was an Kenntnissen, Fähigkeiten und Fertigkeiten in ausgewiesenen Fächern resp. Lernbereichen und Fächer übergreifenden Bereichen notwendig ist, um in der Welt kompetent handeln zu können. Standards drücken eine Kodifizierung von zu erwerbenden und aufzuweisenden Kompetenzen aus. Sie sind durch drei Merkmale bestimmt: (1) Anerkennung, (2) Normierung im Bezugssystem und (3) Qualitätssicherung.

Anerkennung bedeutet, dass die gesellschaftliche Öffentlichkeit und vergleichbare Einrichtungen (Schulen) ein hohes Gewicht auf die Vermittlung des jeweils bereichsspezifischen Wissens, der Kenntnisse, Fähigkeiten und Kompetenzen legen. Man geht davon aus, dass Kinder, Jugendliche und Erwachsene über sie verfügen müssen. Hinter der Idee der *Normierung im Bezugssystem* steht die Festlegung einer minimalen Anzahl solcher Fähigkeiten, Fertigkeiten und Kompetenzen, die im Diskurs der Fachleute Akzeptanz finden. *Qualitätssicherung* meint die Validität und Reliabilität, mit der Wissen, Fähigkeiten, Fertigkeiten und Kompetenzen gezeigt werden, damit man von Kompetenzbeherrschung sprechen kann. Damit beschreiben Standards nicht nur Wissen, Fähigkeiten und Fertigkeiten, sondern auch Wege, sie zu erreichen. Standards beschreiben *auf welchem Niveau* ein Sachverhalt angeeignet und was an Wissen und Können in verschiedenen Fächern oder Lernbereichen angeeignet werden soll.

Standards definieren *verschiedene Niveaus der Kompetenz*. Bezogen auf den Unterricht sind sie für ein Team von Lehrkräften dort interessant, wo sie ausweisen, was eine Schülerin oder ein Schüler wissen und können muss, um weiter im Lernprozess fortschreiten zu können. Unter diagnostischer Perspektive sind daher Minimalstandards interessant, weil sie verdeutlichen, was wenigstens gewusst und gekonnt werden muss, um den Anschluss im Lernen zu halten. Standards dienen, angesichts einer heterogenen Schülerschaft, dazu, sich das anzustrebende Niveau zu verdeutlichen und – in gegenseitiger professioneller Unterstützung – dabei zu helfen, es – durch frühzeitige Diagnosen von Lernausgangslagen, Erarbeitung von Förderkonzepten und Hilfen für den einzelnen *Lerner* resp. die einzelne *Lernerin* – schrittweise anzustreben (vgl. Kiper 2002).

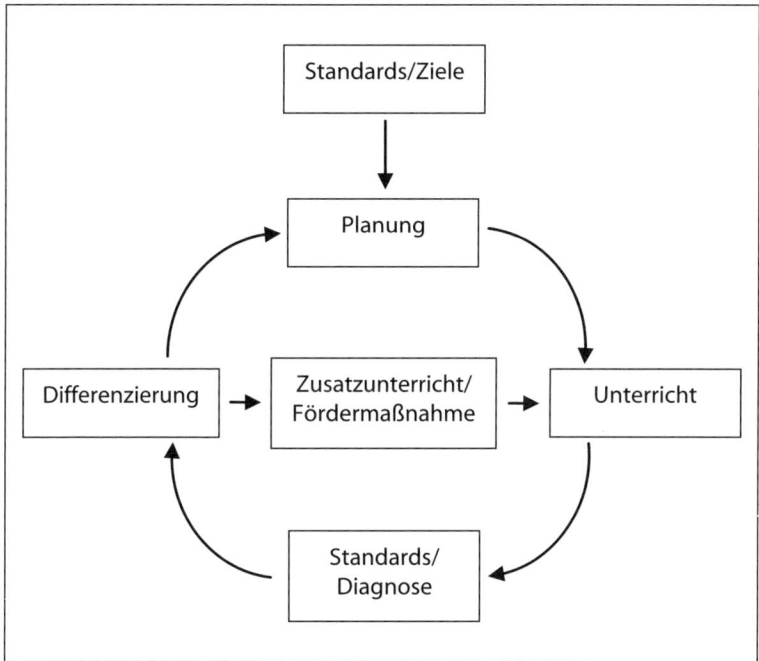

Abb. 2: Die Rolle von Standards für Differenzierung und Fördermaßnahmen (nach Stockhammer 2004)

Wir schließen uns der Auffassung von Stockhammer (2004) an, der darauf hinweist, dass Standards für die Planung, Durchführung und Reflexion eines auf nachhaltige Kompetenzentwicklung angelegten Unterrichts von großer Bedeutung sind. Stockhammer zeigt auf, wie Standards bei der Evaluation des Unterrichtsertrags genutzt werden können. Unter Verwendung des Modells eines Evaluationszyklus (siehe Abb. 2) zeigt er, dass auf der Basis einer an Standards orientierten Diagnose entschieden werden kann, ob die ganze Klasse oder einzelne Schülerinnen und Schüler weiteren differenzierten Unterricht benötigen oder eine zusätzliche Förderung zu erwägen ist, oder ob der Unterricht neue Unterrichtsziele in Angriff nehmen soll.

Bildungsstandards aus der Perspektive der KMK

Die Kultusministerkonferenz setzt auf Bildungsstandards, um die Qualität schulischer Bildung, die Vergleichbarkeit schulischer Abschlüsse sowie die Durchlässigkeit des Bildungssystems zu sichern. In dieser Perspektive beschreiben Bildungsstandards erwartete Lernergebnisse.

Die Kultusministerkonferenz hat am 23./24.5.2002 beschlossen, für ausgewählte Schnittstellen der allgemeinbildenden Schularten – Primarbereich (Jahrgangsstufe 4), Hauptschulabschluss (Jahrgangsstufe 9), Mittlerer Abschluss (Jahrgangsstufe 10) – Bildungsstandards zu erarbeiten. Diese Bildungsstandards werden als Grundlagen der fachspezifischen Anforderungen für den Unterricht übernommen, in die Lehrplanarbeit implementiert und ihre Einhaltung durch eine von den Ländern gemeinsam beauftragte wissenschaftliche Einrichtung überprüft und auf der Basis validierter Tests weiter entwickelt.

»Bildungsstandards greifen allgemeine Bildungsziele auf und benennen Kompetenzen, die Schülerinnen und Schüler bis zu einer bestimmten Jahrgangsstufe an zentralen Inhalten erworben haben sollen. Sie konzentrieren sich auf die Kernbereiche eines Faches. Bildungsstandards formulieren fachliche und fachübergreifende

Basisqualifikationen, die (...) anschlussfähiges Lernen ermögli-
chen. (...) Die Bildungsstandards für den Mittleren Schulabschluss
werden als abschlussbezogene Regelstandards definiert. Sie (...)
- *beschreiben die fachbezogenen Kompetenzen einschließlich*
  zugrunde liegender Wissensbestände, die Schülerinnen und
  Schüler bis zu einem bestimmten Zeitpunkt ihres Bildungs-
  gangs erreicht haben sollen,
- *zielen auf systematisches und vernetztes Lernen und folgen so*
  dem Prinzip des kumulativen Kompetenzerwerbs,
- *beschreiben erwartete Leistungen im Rahmen von Anforde-*
  rungsbereichen,
- *beziehen sich auf den Kernbereich des jeweiligen Faches (...),*
- *weisen ein mittleres Anspruchsniveau aus,*
- *werden durch Aufgabenbeispiele veranschaulicht.*
Die Standards basieren auf fachspezifisch definierten Kompetenz-
modellen, die aus der Erfahrung der Schulpraxis heraus entwickelt
wurden« (Beschlüsse der Kultusministerkonferenz vom 4.12.2003,
zitiert nach KMK 2004, 3).

Damit hat die Kultusministerkonferenz entschieden, den Focus auf
die Abschlüsse und damit auf die »Schnittstellen«, d.h. die Übergänge im Bildungssystem zu richten. Bildungsstandards, die als abschlussbezogene Regelstandards gefasst sind, stellen die Vergleichbarkeit in den Mittelpunkt. Die Aufmerksamkeit richtet sich erst in
zweiter Linie auf den Prozess der Lernentwicklungsdiagnostik und
-förderung.

Die von der Kultusministerkonferenz vorgelegten Bildungsstandards beschreiben fachbezogene Kompetenzen einschließlich
zugrunde liegender Wissensbestände; die erwarteten Leistungen im
Rahmen von Anforderungsbereichen weisen ein mittleres Anforde-
rungsniveau aus und werden durch Aufgabenbeispiele verdeutlicht.
Für die einzelnen Fächer werden verschiedene Kompetenzbereiche
und dazu gehörige Methoden und Arbeitstechniken unterschieden.
Für das Fach Deutsch werden – um den Gedanken an einem Beispiel darzustellen – vier Bereiche unterschieden, nämlich »Sprache
und Sprachgebrauch untersuchen«, »Sprechen und Zuhören«,
»Schreiben« und »Lesen – mit Texten und Medien umgehen«. Für

jeden dieser Bereiche wird das mittlere Anspruchsniveau formuliert. Im Bereich »Lesen – mit Texten und Medien umgehen« ist es so gefasst:

> *»Die Schülerinnen und Schüler verfügen über grundlegende Verfahren für das Verstehen von Texten, was Leseinteresse sowie Lesefreude fördert und zur Ausbildung von Empathie und Fremdverstehen beiträgt. Sie entnehmen selbstständig Informationen aus Texten, verknüpfen sie miteinander und verbinden sie mit ihrem Vorwissen. Dafür entwickeln sie verschiedene Lesetechniken und setzen Lesestrategien gezielt ein. Sie verfügen über ein Grundlagenwissen zu Texten, deren Inhalten, Strukturen und historischer Dimension, reflektieren über Texte, bewerten sie und setzen sich auf der Grundlage entsprechender Kriterien mit ihrem ästhetischen Anspruch auseinander. Sie verfügen über ein Orientierungswissen in Sprache und Literatur und nutzen die verschiedenen Medien, um Informationen zu gewinnen und kritisch zu beurteilen«* (Sekretariat der KMK: Bildungsstandards im Fach Deutsch für den Mittleren Schulabschluss. Beschluss vom 4.12. 2003, 2004, 9).

In den verschiedenen Kompetenzbereichen werden angestrebte Kompetenzen festgelegt. Für den Bereich des Lesens wird das Beherrschen verschiedener Lesetechniken, das Kennen und Verwenden von Strategien zum Leseverstehen, das Verstehen und Nutzen von literarischen Texten und Gebrauchstexten und von Medien genannt. Für diesen Kompetenzbereich werden als Methoden und Arbeitstechniken die folgenden angegeben:

– »Exerpieren, Zitieren, Quellen angeben,
– Wesentliches hervorheben und Zusammenhänge verdeutlichen,
– Nachschlagewerke zur Klärung von Fachbegriffen, Fremdwörtern und Sachfragen heranziehen,
– Texte zusammenfassen: z.B. im Nominalstil, mit Hilfe von Stichwörtern, Symbolen, Farbmarkierungen, Unterstreichungen,
– Inhalte mit eigenen Worten wiedergeben, Randbemerkungen setzen,
– Texte gliedern und Teilüberschriften finden,

– Inhalte veranschaulichen: z.b. durch Mindmap, Flussdiagramm,
– Präsentationstechniken anwenden: Medien zielgerichtet und
sachbezogen einsetzen: z.b. Tafel, Folie, Plakat, PC-Präsenta-
tionsprogramm« (Sekretariat der KMK: Bildungsstandards im
Fach Deutsch für den Mittleren Schulabschluss. Beschluss vom
4.12.2003, 2004, 15).

Die Bildungsstandards für den Mittleren Schulabschluss treffen
Aussagen über Angemessenheit, Qualität und Komplexität. Weil
keine empirisch gesicherten Ergebnisse über Kompetenzmodelle
vorliegen, wird mit dem Begriff der Anforderungsbereiche gearbeitet. »Zur Einschätzung der Anspruchshöhe der in den Aufgaben-
beispielen gestellten Anforderungen wird (...) auf drei Anforderungsbereiche zurückgegriffen, die sich in ihrer Beschreibung an
den Einheitlichen Prüfungsanforderungen in der Abiturprüfung
(EPA), an den theoretischen Grundlagen der PISA-Studie und an
dem Gemeinsamen Europäischen Referenzrahmen für Sprache orientieren« (KMK Dezember 2003, 15). Die Anforderungsbereiche
stellen einen Orientierungsrahmen dar; sie basieren auf beruflichen
Erfahrungen von Lehrkräften und einschlägigen Aufgabenformaten
aus Testmaterialien.

Bezogen auf die Bildungsstandards für den Mittleren Abschluss
im Fach Deutsch ist mit dem Anforderungsbereich I die »Verfügbarkeit der für die Bearbeitung der Aufgaben notwendigen inhaltlichen und methodischen Kenntnisse« gemeint. Der Anforderungsbereich II zielt auf »selbstständiges Erfassen, Einordnen, Strukturieren und Verarbeiten der aus der Thematik, dem Material und
der Aufgabenstellung erwachsenden Fragen/Probleme und deren
entsprechende gedankliche und sprachliche Bearbeitung«, der Anforderungsbereich III meint die »eigenständige Reflexion, Bewertung bzw. Beurteilung einer komplexen Problemstellung/Thematik
oder entsprechenden Materials und ggf. die Entwicklung eigener
Lösungsansätze« (Sekretariat der KMK: Bildungsstandards im
Fach Deutsch für den Mittleren Schulabschluss. Beschluss vom
4.12.2003, 2004, 17).

Im Anforderungsbereich I geht es um das Identifizieren von Arbeitsaufträgen aus einer Aufgabe, um das Erfassen des der Aufgabe

zugrunde liegenden Themas, um das Wiedergeben von Text- oder Materialinhalten, um die Verbindung des Themas/Hauptgedankens mit eigenen Kenntnissen und um die Anwendung von Arbeitstechniken. Im Anforderungsbereich II sollen die Hauptgedanken eines Textes resp. einer Argumentation differenziert erfasst, längere oder komplexere Texte in eigenständigen Formulierungen zusammengefasst und wiedergegeben werden, poetische/stilistische/rhetorische Mittel in einem Text untersucht, erkannt und beschrieben und Kenntnisse auf unbekannte Sachverhalte bezogen werden. Im Anforderungsbereich III sollen komplexe Texte und Problemstellungen erfasst und bearbeitet werden, die entsprechenden Aussagen in einen Problemzusammenhang eingeordnet und detailliert untersucht und begründete Folgerungen gezogen werden. Deutungsansätze poetischer, stilistischer respektive rhetorischer Mittel eines Textes sollen entfaltet werden (vgl. Sekretariat der KMK: Bildungsstandards im Fach Deutsch für den Mittleren Schulabschluss. Beschluss vom 4.12.2003, 2004, 16). Damit werden hier die Anforderungsbereiche mit unterschiedlichen Stufen von Kompetenz in Verbindung gebracht.

Wenn wir davon ausgehen, dass gegenwärtig der Prozess der Implementation der Bildungsstandards in allen Schulen beginnt, bedeutet das für die Langzeitplanung des Unterrichts, dass über mehrere Schuljahre hinweg ein Curriculum zu konzipieren ist, das sowohl bezogen auf die Inhalte, als auch die geforderten Verfahren und Methoden Aussagen trifft.

Die Bildungspläne, Rahmenrichtlinien oder Curricula, die oftmals nur die isolierten Ziele des Unterrichts, Themen, Inhalte, Methoden und Medien vorschlugen, aber bezogen auf Fähigkeitsstufen, auf denen eine Frage- und Problemstellung bearbeitet werden sollte, unklar blieben, sind insofern zu konkretisieren, als zu beschreiben ist, welche Kompetenzen am Ende einer Unterrichtseinheit vorhanden sein sollen. Wenn nicht nur inhaltliche Schwerpunkte gesetzt, sondern den Verfahren und Arbeitstechniken Wert beigemessen werden soll, müssen Operationen und das Niveau ihrer Ausführung beschrieben werden. Solche Operatoren können im Fach Deutsch die Folgenden sein: Nennen, Beschreiben, Zusammenfassen, Einordnen, Darstellen, Erschließen, Erläutern, Analysieren, in Beziehung setzen, Vergleichen, Begründen, Beurteilen, Bewerten, Stellung nehmen, Überprüfen, sich Auseinandersetzen mit ..., Erörtern, Interpretieren, Entwerfen, Gestalten (vgl. Freie und Hansestadt Hamburg 2003, 11f.). Dabei ist jeweils das Anspruchsniveau, auf dem etwas gewusst und gekonnt resp. auf dem die Operationen durchgeführt werden sollen, zu markieren.

Für den Unterricht der Lehrkräfte bedeuten die Bildungsstandards der KMK, dass, ausgehend von den Regelstandards am Ende eines Bildungsgangs, der Unterricht über mehrere Schuljahre so anzulegen und aufzubauen ist, dass sie erreicht werden können. Das bedeutet, sich schon bei der Planung von Unterricht Gedanken zu machen über den Schwierigkeitsgrad von Aufgabenstellungen und Aufgaben aus den verschiedenen Inhaltsbereichen und Anforderungsbereichen auszuwählen oder selber zu konzipieren (vgl. Helmke/Hosenfeld 2004).

Handlungskompetenz durch bereichsspezifische Kompetenz erwerben

Wie kommt man nun von den Lehr- und Lernzielen des Unterrichts dazu, die Lernprozesse der Schülerinnen und Schüler angemessen zu durchdenken und anzuleiten? Wie trägt eine Unterrichtsstunde zum langfristigen Aufbau von Wissen und Können bei? Zu diesen Fragen konnte die lernzielorientierte Didaktik vor vierzig Jahren nur begrenzt hilfreiche Aussagen treffen. Die kognitionspsychologische Forschung ebenso wie die fachdidaktische Lehr-Lern-Forschung verhelfen dazu, diese Wissenslücke zu schließen.

Bezogen auf eine Theorie des Unterrichts stellt sich dabei die Frage, wie Unterricht Lernen ermöglichen kann, sodass nachhaltig der Aufbau von Kompetenzen in verschiedenen Domänen befördert wird. Um dieser Frage nachzugehen, werden wir uns exemplarisch mit Lesekompetenz auseinander setzen, um dann der Frage nachzugehen, wie sie aufgebaut werden kann.

Lesekompetenz

Cordula Artelt, Petra Stanat, Wolfgang Schneider und Ulrich Schiefele verstehen unter Lesekompetenz die Fähigkeit einer aktiven Auseinandersetzung mit Texten. Sie unterscheiden das Informationslesen und das Lesen zur Wissenserweiterung. »Lesen als Mittel zum Aufbau von Wissensstrukturen kennzeichnet einen Leseprozess, bei dem bestehende Vorstellungen durch das Gelesene erweitert, revidiert oder bestätigt werden. Lesen hat hier den Charakter des Denkens bzw. Nachdenkens über die im Text vermittelten Ideen oder Inhalte« (Artelt u.a. 2001, 69). Lesen wird als Konstruktionsleistung und als komplexer Vorgang, bestehend aus mehreren Teilprozessen, verstanden.

»Auf der untersten Ebene besteht Lesen aus dem Erkennen von Buchstaben und Wörtern sowie aus der Erfassung von Wortbedeutungen. Auf der nächsthöheren Ebene steht die Herstellung semantischer und syntaktischer Relationen zwischen Sätzen im Vordergrund und – auf der Textebene – die satzübergreifende Integration von Sätzen zu Bedeutungseinheiten sowie der Aufbau einer kohärenten mentalen Repräsentation der Bedeutung eines Textes« (Artelt u.a. 2001, 71).

Die Fähigkeit zum Lesen ist abhängig von der Effizienz der Verarbeitung von Texten und von der Fähigkeit zur Bedeutungsentnahme. Dazu gehören eine Vielzahl von Teilfähigkeiten wie das Erkennen von Buchstaben und die Zuordnung von Lauten, das Erlesen von Wörtern und das Erfassen von Wortbedeutungen, das Herstellen semantischer und syntaktischer Relationen zwischen Sätzen und die Integration von Sätzen zu Bedeutungseinheiten, der Aufbau einer kohärenten mentalen Repräsentation und angemessene Schlussfolgerungen. Die Grundlagenforschung zum Aufbau von Lesekompetenz betont nicht nur die Repräsentation von Wissen in Form komplexer Informationseinheiten, sondern hebt ab auf die Bildung eines internen Modells des im Text beschriebenen Sachverhaltes im Sinne einer analogen, inhaltsspezifischen und anschaulichen Repräsentation (multidimensionale, situative Textrepräsentation). In dieses Situationsmodell geht das Vorwissen, aber auch die persönlichen Erfahrungen eines Lesers ein. Sowohl allgemeines Weltwissen wie spezifisches inhaltliches Wissen erleichtern Textverstehen und Erinnerungsleistungen. Nicht ausreichend vorhandene Textkohärenz kann durch wissensbasierte Inferenzen ausgeglichen werden. Lesekompetenz erweist sich als ausgewogenes Zusammenspiel »von kognitiven Komponenten, Werthaltungen, Strategien, Routinen und Wissen« (Artelt u.a. 2001, 76).

Zum Aufbau von Lesekompetenz

Wie kommt es nun zum Aufbau von Lesekompetenz? Wie kann Lesekompetenz durch angemessene Unterrichtsprozesse befördert werden?

Der Aufbau von Lesekompetenz durch Unterricht knüpft an der familiären Sprach- und Lesesozialisation an. Wichtig ist, ein Wissen über die Funktion von Lesen zu vertiefen oder erwerben zu lassen. Lesen hilft nicht nur beim Übermitteln von Informationen und Handlungsanweisungen; es verweist auch auf Gedanken und ermöglicht ihren Austausch; Sprache wird als Instrument des Denkens erfahren. Orientiert an der Eltern-Kind-Interaktion beim Betrachten und Vorlesen von Bilderbüchern wird deutlich, dass das Textverstehen mit dem Teilen von Konzepten und dem Einsozialisieren in kulturspezifische Muster, Sichtweisen und Wertvorstellungen und der Entwicklung einer inneren Repräsentation von Welt einher geht. Das Erkennen der Unterschiede zwischen gesprochener und geschriebener Sprache, das Herauslösen von Sprache aus einem Handlungskontext und ihre Nutzung für Denken, das Entwickeln metasprachlicher Kompetenzen sind wichtige Momente. Vorläuferkompetenzen für spätere Leseleistungen ist phonologische Bewusstheit, d.h. die Fähigkeit, die Lautstruktur der gesprochenen Sprache korrekt zu erfassen und frühe Buchstabenkenntnis.

Nach Richter/Christmann ist es wichtig, dass man den komplexen Vorgang des Lesens in unterschiedliche Teilprozesse aufgliedert, die »in weiten Teilen parallel bzw. zeitlich überlappend durchlaufen werden. Als zentrale Komponenten des Konstrukts Lesekompetenz können die in hierarchischen Modellen des Textverstehens (...) unterschiedenen Ebenen, einschließlich der dort angesiedelten Teilprozesse, gelten: (1) Aufbau einer propositionalen Textrepräsentation; (2) lokale Kohärenzbildung; (3) globale Kohärenzbildung; (4) Bildung von Superstrukturen; (5) Erkennen rhetorischer Strategien« (Richter/Christmann 2002, 48).

Als Voraussetzung für den *Aufbau einer propositionalen Textrepräsentation* nennen Richter/Christmann »die Worterkennung sowie die Verbindung von Wortfolgen auf der Grundlage von semantischen und syntaktischen Relationen von Sätzen« (Richter/Christmann 2002, 28). Der Leseprozess setze – auf der unteren Stufe – mit der Identifikation von Buchstaben und Wörtern ein und sei auch als visueller Verarbeitungsprozess zu verstehen. Zusätzlich sei die Verfügbarkeit von Wörtern und ihre Verarbeitung in einem weiteren sprachlichen Kontext von Bedeutung. Zum Aufbau einer eindeutigen semantischen Textbasis sei die semantische Analyse durch eine syntaktische zu ergänzen. Unter *lokaler Kohärenzbildung* verstehen sie die Herstellung von »semantischen Relationen zwischen aufeinander folgenden Sätzen«, um zu einer zusammenhängenden Textrepräsentation zu gelangen (Richter/Christmann 2002, 30). *Globale Kohärenzherstellung* meint »die Verdichtung und Verknüpfung von Propositionssequenzen im Sinne größerer Textteile, um auf diese Weise den globalen Zusammenhang auch auf höherer Abstraktionsebene zu erfassen« (Richter/Christmann 2002, 31). »Superstrukturen beschreiben im Sinne eines (...) abstrakten Schemas (...) die globale Ordnung von Texten, die eine spezifische, konventionalisierte Struktur haben wie beispielsweise Erzähltexte, Forschungsberichte, argumentative Texte, (...). Es wird angenommen, dass Superstrukturen in Form von Regeln und Kategorien im Kognitionssystem der Sprachbenutzer/innen gespeichert sind und im Sinne einer vorwissensgeleiteten Verarbeitung in Form von Erwartungen (...) die Makrostrukturbildung steuern (...)« (Richter/Christmann 2002, 33). Vorwissen und Zielsetzungen im Verarbeitungsprozess bestimmen die Lesekompetenz mit. Unter dem *Erkennen rhetorischer Strategien* verstehen Richter/Christmann das Verstehen stilistischer und argumentativer Inhaltselemente, die das Interpretieren von Texten und ihrer Bedeutung erleichtern (Richter/Christmann 2002, 34). Lesefähigkeit ist dabei besonders abhängig von folgenden Faktoren:

- *Worterkennungsprozesse.* Ein sicherer und schneller lexikalischer Zugriff – möglicherweise vermittelt über effiziente phonologische Rekodierungsprozesse – ist vermutlich eine Grundvoraussetzung für gute Lesefähigkeiten (...).
- *Arbeitsgedächtniskapazität.* Die Bewältigung von Prozessen auf Satz- und Textebene erfordert die Integration einer Vielzahl von Teilinformationen (...).
- *Vorwissen.* Nur mit einem adäquaten inhaltlichen Vorwissen kann ein echtes Textverständnis erreicht, d.h. ein qualitativ hochwertiges Situationsmodell konstruiert werden (vgl. Richter/Christmann 2002, 49).

Die Wissenschaftler stellen heraus, dass der Lernprozess zum Aufbau von Lesekompetenz im Sinne effektiver Informationsverarbeitung einer intentionalen und strategischen Steuerung bedarf. Dazu zählen sie z.B., schwierige Passagen in Texten nicht einfach zu übergehen, sondern Wege zu wählen, um diese durch Heranziehen des Kontextes, Absuchen des Vorwissens oder des Herstellens von Zusammenhängen zwischen verschiedenen Textstellen zu erschließen.

Um effektiv zu lesen, bedarf es eines breiten Repertoires an spezifischen und allgemeinen Strategien wie z.B. des Überwachens der beim Lesen ablaufenden Verstehensprozesse. Spezifische Strategien der Textverarbeitung sind z.B. das Paraphrasieren des Gelesenen, das wiederholte Lesen, das Suchen nach Wenn-Dann-Verbindungen innerhalb eines Textes oder das Suchen nach Schlüsselwörtern, das Anfertigen von Zusammenfassungen, das Formulieren von Fragen zum Text, das Nachdenken und Vorhersagen nachfolgender Abschnitte. Schülerinnen und Schüler müssen lernen, über Widersprüche und Verstehenslücken nicht hinwegzulesen und Denkprozesse beim Lesen offen zu legen. Der verstehende Umgang mit Texten schließt ebenso ein, Informationen oder Teilinformationen im Text zu lokalisieren resp. nicht genannte, aber gesuchte Informationen zu schlussfolgern, Inhalte von Texten zu behalten und sich zu Eigen zu machen wie die Kompetenz, mithilfe eines Textes

Verständnisfragen zu beantworten und eine sinnvolle Textrepräsentation im Gedächtnis aufzubauen, um zu einem späteren Zeitpunkt auf Textinformationen zurückgreifen zu können. Außerdem ist eine mentale situative Textrepräsentation aufzubauen, bei der Textinformationen aktiv mit bereits vorhandenem Wissen in Beziehung gesetzt werden. Beim textbezogenen Interpretieren geht es um das Konstruieren von Bedeutungen oder um das schlussfolgernde Denken im Hinblick auf Evidenzen. Beim Reflektieren und Bewerten werden Aussagen des Textes mit eigenen Erfahrungen, Wissensbeständen oder Ideen in Beziehung gesetzt (vgl. Artelt u.a. 2001).

Die Ausführungen zur Lesekompetenz zeigen, wie komplex Kompetenzen in verschiedenen Domänen zusammengesetzt sind. Für die Planung, Durchführung und Reflexion von Unterricht reicht das Angeben von Lernzielen, orientiert an Unterrichtsinhalten nicht. Erforderlich wird eine Reflexion über notwendige Schritte im Prozess des Kompetenzaufbaus, die dabei zu ermöglichenden Lernprozesse und die relevanten Aneignungs- und Lernwege der Schülerinnen und Schüler.

Lehrkräfte, die diese Lernprozesse der Kinder und Jugendlichen nicht dem Zufall überlassen wollen, sondern sich für deren Anleitung verantwortlich wissen, müssen diese durchdenken, anleiten und steuern. Dazu ist das Nachdenken über die aufzubauenden Kompetenzen in den verschiedenen Domänen, die jeweiligen Teilkompetenzen und über den Prozess ihres Erwerbs erforderlich.

Nachdenken über Lernprozesse

Die bisherigen Überlegungen zur Lesekompetenz sind nicht direkt in Unterricht umsetzbar. Es werden einige zusätzliche Modelle benötigt, die erst zusammen eine angemessene Konstruktion von Lernarrangements ermöglichen. Zunächst ist an ein Prozessmodell zu denken, das darstellt, welche Ablaufschritte beim Lesen auftreten. Für die Diagnose vorhandener Kompetenz ist es wichtig zu wissen, was genau geschieht, wenn anlässlich einer gestellten Aufgabe die Kompetenz zur Lösung dieser Aufgabe eingesetzt wird. Hier kann das Modell von Schnotz (1985) verwendet werden (vgl. Abb. 3).

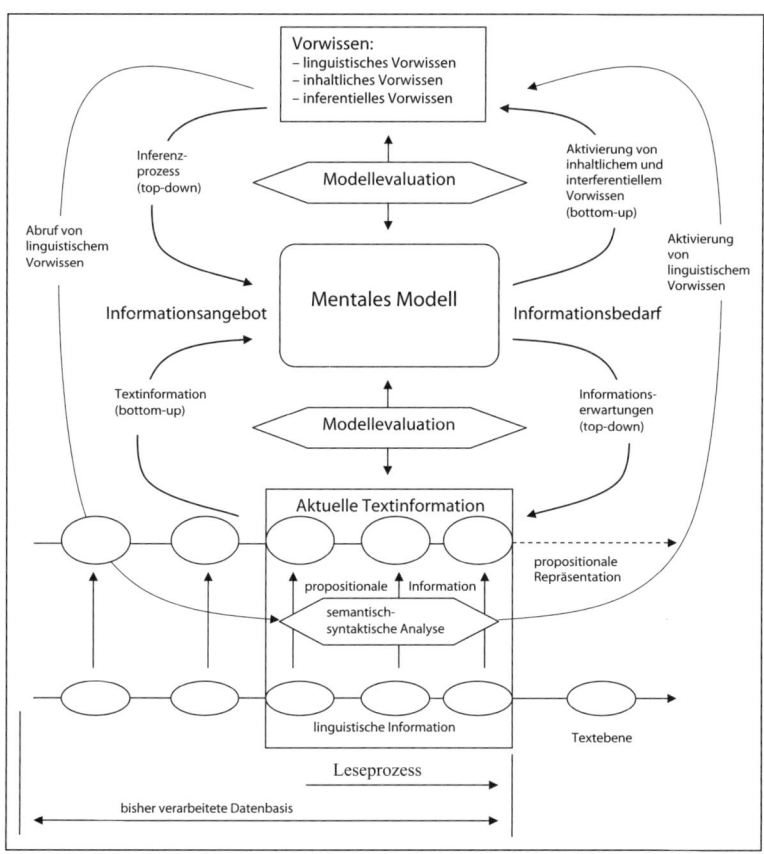

Abb. 3: Verarbeitungsabläufe beim Textverstehen (Schnotz 1985)

Im Leseprozess werden die wahrgenommenen linguistischen Informationen in propositionale Informationen umgewandelt, d.h. die Aussage wird erfasst. Für diese Dekodierung werden Wissensbestände benötigt, die vom Text aktiviert werden. Die erfassten Propositionen werden verwendet, um ein mentales Modell zu entwerfen, d.h. die Aussagen sind zu verstehen und in ein kohärentes Bild zu integrieren. Das gelingt nur mithilfe von Vorwissen. Verschiedene Prüfprozesse überwachen die Abläufe und die Passung der Teilprozesse. Das Modell von Schnotz (1985) zeigt den Prozess der

Leistungserbringung beim Lesen auf. Damit dieser Prozess so ablaufen kann, muss in der Person ein Trägersystem für diesen Prozess mit bestimmten Komponenten ausgestattet sein, die mit den benötigten Wissensbeständen gefüllt sind. Ein Bedingungsmodell kann die für den Prozess notwendigen Komponenten und deren inhaltliche Füllung verdeutlichen.

- *Langzeitspeicher:* Linguistisches Wissen z.b. Graphem-Morphem-Zuordnung, grammatische Strukturen, zugehörige Analyseoperationen, Strategien, Weltwissen, die Operationen zur Modellbildung und visuellen Kodierung/Dekodierung von Schrift etc.
- *Arbeitsgedächtnis:* Aktuelle Modellbildung, Abruf- und Speicherroutinen für verschiedene Informationsarten, Ordnen, Elaborieren, Interpretieren, Reflektieren, Bewerten.
- *Kodierung/Dekodierung:* Blickbewegungssteuerung, Analyse- und Syntheseprozesse, Lesestrategien.
- *Exekutive:* Ressourcenzuordnung, Prozesssteuerung.

Damit die in der Kompetenzbeschreibung erwähnten Dimensionen des Ermittelns von Informationen, des textbezogenen Interpretierens und des Reflektierens und Bewertens möglich werden, sind die entsprechenden Komponenten und die zugehörigen Operationen und Wissensinhalte aufzubauen.

Die beiden bislang vorgestellten Modelle erhellen die Funktionsweise des kompetenten Bearbeiters einer Leseaufgabe. Sie beschreiben, was alles im Lernprozess des Kompetenzaufbaus zu erwerben ist, nämlich die Komponenten mit ihren Inhalten und die Organisation des damit zu betreibenden Prozesses. Es fehlt aber noch die Klärung des möglichen oder notwendigen Lernwegs.

Gehen wir von der plausiblen Überlegung aus, dass zu jedem Zeitpunkt das Lese-System des *Lerners* eine bestimmte Ausprägung der Lesekompetenz hat, die sich über mehrere qualitative Stufen bis zur obersten Kompetenzstufe entwickelt. Der Lernweg wäre dann als Abfolge von Systemzuständen beschreibbar, die im Verlauf der Zeit entstehen. In den Jahren vom Schuleintritt bis zum Alter von

18 Jahren können etwa folgende Stadien unterschieden werden (Chall 1983, zitiert nach Farnham-Diggory 1992):

- *Stufe 0 (0 bis 6 Jahre): Vorstufe des Lesens:* Buchstaben, Wörter und Bücher kennen lernen, logographisches Lesen.
- *Stufe 1 (6 bis 7 Jahre): Erstes Lesen/Dekodieren:* Erfassen des alphabetischen Prinzips.
- *Stufe 2 (7 bis 8 Jahre): Bestätigung, Flüssigkeit, Lösung vom Gedruckten:* Automatisierung der Dekodierung, um die Aufmerksamkeit auf die Bedeutung verlagern zu können, übergeordnete Strategien.
- *Stufe 3 (9 bis 14 Jahre): Lesen, um zu Lernen:* Der Leseprozess tritt in den Hintergrund und läuft automatisch ab; hier geht es um die Verarbeitung der Textinformation, um grundlegende Strategien des sinnentnehmenden Lesens und der Ordnung von Inhalten.
- *Stufe 4 (14 bis 16 Jahre): Auseinandersetzung mit multiplen Gesichtspunkten:* Fortgeschrittene Strategien des Lesens werden aufgebaut; multiple Formen des Wissens können unterschieden und angemessen verarbeitet werden (Fakten, Ideen, Meinungen, Perspektiven).
- *Stufe 5 (18 Jahre und älter): Konstruktion und Rekonstruktion von Weltbildern:* Die Strategien von Stufe 3 und 4 sind automatisiert verfügbar, daher ist das Arbeitsgedächtnis frei für eine intensive Auseinandersetzung mit dem Autor und der Konstruktion von Wissen.

Diese hypothetische Stufenfolge macht die Verschränkung der Entfaltung von Fertigkeiten des Lesens mit anderen Wissenssystemen, z.B. Wissen über Sprache, soziale Beziehungen und Weltwissen deutlich. Die Zusammenhänge mit der Kompetenz des Schreibens bleiben dabei zunächst unberücksichtigt, obwohl sie sicherlich von großer Bedeutung sind. Für jede der Entwicklungsstufen der Lesekompetenz wäre ein Prozessmodell und das zugehörige Bedingungsmodell zu entwickeln und darüber nachzudenken, welche Fertigkeiten oder Wissensbestände für diese Art des Operierens erworben werden müssen. Zu klären wäre die Reihenfolge des Erwerbs und welche Lernformen dabei sinnvoll oder notwendig erscheinen. Daraus kann die Wahl der Methode und die Gestaltung des Lernarrangements abgeleitet werden. Es ist denkbar, dass es eine notwendige Abfolge gibt, z.B. wenn bestimmte Wissensinhalte gebraucht werden, um eine neuartige Operation aufbauen zu können. Es ist aber auch denkbar, dass es alternative Lernwege gibt, weil mehrere gleichermaßen gut verwendbare Strategien erworben werden müssen, wobei es keine Rolle spielt, welche zuerst und welche danach erworben wird. Sind diese Teilmodelle der Lehrkraft nicht verfügbar, wird sie die notwendigen Analysen und Entscheidungen intuitiv aufgrund ihrer nicht genau artikulierten subjektiven Theorie der Kompetenzentwicklung oder aufgrund von Erfahrungswissen treffen und damit hinter der Effektivität einer wissenschaftlich begründbaren Lehre zurückbleiben.

Diese Überlegungen werden noch deutlicher, wenn man sich einen konkreten Ablauf klar macht. Das Kind kann bei Schuleintritt Sprache verwenden, Äußerungen verstehen und sprechen. Mit hoher Aufmerksamkeit auf den Kodier-/Dekodierprozess vermittelt die Schule zunächst die Zuordnungsregeln von Laut und Schrift und Wissen über folgende Redundanzen (vgl. Grissemann 1990).

Wortinterne Redundanz

Informationen:

- auf der Graphemebene,
- auf der Konsonantengruppenebene,
- auf der Silbenebene,
- auf der Signalgruppenebene,
- durch Wahrscheinlichkeiten der Lautabfolge.

Textbedingte Redundanz

Informationen:

- durch semantische Zusammenhänge,
- durch grammatisch-syntaktische Strukturen,
- durch Textstruktur.

Die Schüler lernen im Leselehrgang diese Redundanzen strategisch zur Erkennung der Worte, Sätze und zur Sinnentnahme zu nutzen. Der Lese- und Schreibunterricht beschäftigt sich zunächst mit der Erweiterung eines vorhandenen Kompetenzsystems für Sprache. An das schon vorhandene System zur Spracherkennung lagert sich dieses neue System zur Textnutzung an; beide Systeme werden sich von nun an gemeinsam weiterentwickeln. Am Ende des zweiten Schuljahres erwarten wir, dass dieses System erfolgreich um die grundlegende Kompetenz des Lesens und Schreibens erweitert wird. Um diesen Lernweg zu gestalten, benötigen wir eine Modellvorstellung über die erwarteten Prozesse und die Komponenten, die dafür benötigt werden. Ist die angestrebte qualitative Veränderung des Systems genau genug beschrieben, kann daraus abgeleitet werden, welche der Komponenten mithilfe welcher Lernprozesse aufgebaut bzw. verändert werden sollen, ob es sich z.B. um Wissenserwerb oder Operationserwerb handelt; es können Hypothesen über die richtige Reihenfolge gebildet werden. Sind so die nötigen Basismodelle des Lernens (vgl. Kiper/Mischke 2004, 114ff.) geklärt, können die passenden Sichtstrukturen (welche Inhalte, Methoden, Medien sind geeignet?) zugeordnet werden.

Um den Lernprozess zum Aufbau einer Kompetenz steuern oder begleiten zu können, brauchen wir demnach nicht nur die Analyse der Dimensionen und deren Ausprägungsstufen, die ja nur die gemeinte Leistungsfähigkeit beschreiben, sondern Modelle davon, wie diese Leistung erbracht wird und welche Komponenten dabei benötigt werden. Es sind bei komplexen Kompetenzen darüber hinaus noch Entwicklungsmodelle nötig, die Veränderungen in der Zeit beschreiben und uns so helfen, diese Entwicklung durch entsprechende Lernangebote zu unterstützen. Die am Beispiel der Lesekompetenz angenommene Konzeption der Abfolge von Systemstufen muss natürlich für andere Kompetenzen so nicht gelten. Bei der Kompetenz zur Bewältigung von Alltagssituationen z.B. kann an die bloße Addition von Bereichen gedacht werden.

Entwicklung als moderierende Variable

Die bisherigen Überlegungen haben die innere Logik von Sachstrukturen und Lernstrukturen entfaltet und dabei die Angebotsseite des Lernarrangements präzisiert. Das Lernen setzt aber auch die adäquate Nutzung des Lernarrangements durch die Lernenden voraus. Diese Nutzung hängt von kognitiven und emotionalen Lernvoraussetzungen ab wie z.b. vom Vorkenntnisstand, von Strategienutzung, Selbstregulation, exekutiver Kontrolle, Aufmerksamkeit, Selbstkonzept und Motivation (vgl. Fend 1998).

Der Konzept »Entwicklung«

Das Konzept »Entwicklung« nimmt die Veränderung der menschlichen Fähigkeiten und Leistungen im Verlaufe der Zeit in den Blick. Eine Theorie der Entwicklung muss die Gesetzmäßigkeiten dieser Verläufe erklären, Prognosen ermöglichen und Interventionschancen aufzeigen können. Der Entwicklungsaspekt ist für die Unterrichtstheorie bedeutsam, weil er zu verstehen hilft, welche Veränderungen durch Lernen erreichbar sind und die jeweils durch den aktuellen Entwicklungsstand begrenzten Einwirkungsmöglichkeiten zeigt.

Hier wird die These vertreten, dass für die Planung und Realisierung von Unterricht sowohl der Entwicklungsstand der Lernenden als auch die Entwicklungslogik des Gegenstands oder Bereichs zu berücksichtigen sind. Dies gilt für die Konstruktion von Curricula, die kumulativen Wissensaufbau beabsichtigen und für die konkrete Gestaltung von Lernarrangements. Die Entscheidung, wann es sinnvoll erscheint, Kinder in den Kindergarten oder die Schule aufzunehmen und welche Angebote dort gemacht werden (z.B. Physikunterricht oder Fremdsprachen; Lernen durch freies

Spiel oder durch einen systematischen Lehrgang) hängt von dem Wissen über Entwicklungsstände und Lernmöglichkeiten von Kindern oder Jugendlichen ab. Diese Überlegungen sind mit dem didaktischen Prinzip der Kindgemäßheit des Unterrichts gemeint (vgl. Rosenberger 2005).

In den Anfängen der Entwicklungspsychologischen Forschung wurden zunächst Entwicklungsverläufe beschrieben; später wurden die darin sichtbaren Regeln oder Gesetzmäßigkeiten begrifflich gefasst. Frühe Ordnungsversuche führten zu Phasenlehren (z.B. Kroh 1944), in denen die Entwicklung des Kindes in aufeinander folgenden Stadien mit typischem Leistungsvermögen auf der jeweiligen Entwicklungsstufe dargestellt wurde. Die Stufenlehren gingen von einer synchronen Entwicklung aller psychischen Teilfunktionen und von diskontinuierlichen Entwicklungsschüben aus. Es gab andererseits Theorien, die nach grundlegenden Entwicklungsprinzipien fragten und das Entwicklungsgeschehen als Prozess der Differenzierung und Zentralisierung deuteten.

Die Gesellschaft konkretisiert Anforderungen, deren Bewältigung innerhalb eines zeitlichen Rahmens erfolgen muss; wir sprechen daher von Entwicklungsaufgaben. Einige dieser Entwicklungsaufgaben sind auch an biologische Reifungsprozesse gekoppelt, z.B. die Gestaltung der Geschlechtsrolle; andere sind sozial bestimmt, z.B. Einschulung oder Volljährigkeit. Motor der Entwicklung sind Reifung, Lernen, Erziehung, Sozialisation und sachimmanente Entfaltungslogiken.

Die moderne Entwicklungspsychologie zeigte, basierend auf den Arbeiten von Piaget (1896–1980), dass grundlegende Prozesse wie Assimilation und Akkomodation, Kreisprozesse und Äquilibration, zur Erklärung der Entwicklungsverläufe in Auseinandersetzung mit der Umwelt, herangezogen werden können. Neuere Ansätze beschreiben die Entwicklung einzelner Bereiche wie die Entwicklung des Denkens, der Begriffsbildung oder des moralischen Urteils.

Die Analyse bereichsspezifischer Entwicklungsverläufe hat die Konzeption von Stufen oder Phasen der Entwicklung in den Hintergrund gedrängt. Die einzelnen Verläufe sind nicht so stark parallelisiert, wie diese Konzepte es nahe legten. Es wurde erkennbar, dass komplexere Lernprozesse wie die Fähigkeit zur Perspektivenübernahme oder des moralischen Urteils sich zwar auf der Grundlage des Entwicklungsstands der basalen kognitiven Funktionen entfalten; dies erfolgt jedoch nicht automatisch, sondern erfordert jeweils spezifische Lerngelegenheiten (vgl. Oerter/Montada 2002).

Auf dem Hintergrund dieser Überlegungen wird deutlich, dass es nicht möglich ist, einen komplexen Lernprozess mit Erfolg zu einem beliebigen Zeitpunkt anzuregen. Wird das Lernangebot nicht passend gewählt, kann es – aufgrund der nicht verfügbaren kognitiven Grundlagen – vom Kind nur oberflächlich realisiert werden (z.B. als auswendig gelernte Redewendung oder Verhaltenskette). Es führt nicht zur Weiterentwicklung der Kompetenzen. In schulischen Lernprozessen kann die mangelnde Berücksichtigung von Entwicklungsständen zu Leistungen eines Kindes führen, auf denen kein Lernfortschritt begründet werden kann. Es kann etwa (durch Auswendiglernen) zu beeindruckenden Leistungen beim Aufsagen des Einmaleins kommen, ohne dass die Leistung ein Operationsverständnis einschließt, nämlich dann, wenn der grundlegende Aufbau von Zahlbegriff und Multiplikation nicht gelungen ist. Diese nicht gut fundierte Leistung führt zu späteren Leistungseinbrüchen, wenn neuer Stoff – darauf aufbauend – erarbeitet werden soll.

Das Konzept »Begabung«

In umgangssprachlicher Verwendung des Begriffes »Begabung« wird diese als vererbte kognitive Dispositionen gefasst, die Unterschiede zwischen Persönlichkeiten und ihren gesellschaftlichen Leistungen erklärt. Der Begriff Begabung wurde lange Zeit vor allem von Vertretern deterministischer Theorien verwandt, wobei – in einer Kontroverse um die Gewichtung von Anlage und Umwelt – auf die Anlage abgehoben wurde. Als Gegenbewegung zum biologischen Determinismus wurde in den 1970er-Jahren die Bedeutung der Umwelt für Lernen und Persönlichkeitsentwicklung betont. Begabung – so dachte man – könne bewirkt werden. Heute wird eher ein vermittelnder Standpunkt bezogen, der – von einer wechselseitigen Durchdringung von Organismus und Umwelt ausgehend – die wechselseitigen und reaktiven Beziehungen betont.

Der Psychologe Jens B. Asendorpf fragt nach der »Entwicklungsgenetik der Persönlichkeit«. Ihn interessiert, inwiefern »Persönlichkeitsunterschiede innerhalb einer bestimmten Kultur auf genetische Unterschiede zwischen den Menschen dieser Kultur zurückführbar sind« (Asendorpf 1994, 107). Die Humangenetik versteht unter dem Erbe »die Gesamtheit derjenigen genetischen Informationen«, die im Zellkern der befruchteten Eizelle (Genotyp oder Genom) vorhanden sind. Es wird nicht angenommen, dass die Gene eines Menschen sein Verhalten bewirken; stattdessen geht die Molekulargenetik von einem »interaktionistischen Konzept genetischer Wirkungen« aus (Asendorpf 1994, 110). Dabei wird verdeutlicht, dass durch Gene ein großes Reservoir an Entwicklungsmöglichkeiten vorhanden ist; es kommt im Laufe des Lebens zu einer umweltabhängigen Aktivierung der Gene (Konzept der Genotyp-Umwelt-Kovariation). Genotypen und Umwelten sind nicht unabhängig voneinander; sie beeinflussen sich gegenseitig.

Die Psychologen Kurt A. Heller und Ernst A. Hany fassen Begabung als mehrfaktorielles Konstrukt. Sie verstehen *Intelligenz* »als bereichsunspezifisches individuelles Fähigkeitspotenzial zur Bewältigung intellektuell herausfordernder Situationen bzw. Denkprobleme. Entsprechend wird in den traditionellen psychologischen Intelligenzdefinitionen die allgemeine Intelligenz als Fähigkeit zum Denken oder Problemlösen in für das Individuum neuen, d.h. nicht aufgrund von Lernerfahrungen vertrauten Situationen konzeptualisiert. Ernst A. Hany versteht Begabung – in Anlehnung an William Stern (1916) und Meumann (1913) als Trias von »Intelligenz – Wille – Interesse«. Hany verdeutlicht die Bedeutung des Ansatzes der »koordinierten Persönlichkeitsfaktoren« anhand verschiedener empirischer Befunde.

Exkurs: Multiples Intelligenzmodell und seine Kritik

Howard Gardner (1991) vertritt die Auffassung, dass sich Begabung in spezifischen, von der Gesellschaft als wichtig erwarteten Leistungsbereichen zeigt. Gardner unterscheidet sieben Intelligenzformen, nämlich

- »*Sprachliche* Intelligenz (linguistic intelligence), die sowohl die Sensitivität gegenüber Wortbedeutungen als auch die Effektivität sprachlicher Gedächtnisleistungen beinhaltet.

- *Logisch-mathematische* Intelligenz (logical-mathematical intelligence), d.h. formallogische und mathematische Denkfähigkeiten.

- *Räumliche* Intelligenz (spatial intelligence), also Fähigkeiten der Raumwahrnehmung und -vorstellung, des räumlichen Denkens usw.

- *Körperlich-kinästhetische* Intelligenz (bodily-kinesthetic intelligence), d.h. psychomotorische Fähigkeiten, wie sie etwa für sportliche oder tänzerische Leistungen benötigt werden.

- *Musikalische* Intelligenz (musical intelligence), welche nicht nur musikalische Kompetenzen i.e.S., sondern auch emotionale Aspekte (mood and emotion) einschließt.

- *Intrapersonale* Intelligenz (intrapersonal intelligence), d.h. Sensibilität gegenüber der eigenen Empfindungswelt.

- *Interpersonale* Intelligenz (interpersonal intelligence), womit die Fähigkeit zur differenzierten Wahrnehmung anderer (›soziale‹ Intelligenz) angesprochen ist« (Heller/Hany 1996, 480f.).

Dieser Definition tritt Detlef Rost entschieden entgegen. Für ihn ist die Proklamation einer eigenen Intelligenz oder Begabung für verschiedene Bereiche ein Rückfall in das Denken des vorigen Jahrhunderts. Das Konzept der Intelligenz (oder Begabung) hebt ab auf eine kognitive Allgemeinbegabung (vgl. Deary 2001). Das individuelle Leistungspotenzial ist abhängig von Bedingungen der sozialen und kulturellen Lernumwelt; ihnen kommt eine wichtige Rolle bei der Umsetzung von Begabung in Leistung zu. Die *lernpsychologisch fundierte Expertiseforschung* fokussiert auf die individuelle Nutzung von Lerngelegenheiten und sieht in der Lern- und Leistungsmotivation bzw. in persönlichen Neigungen und Interessen den Angelpunkt für individuelle Leistungserfolge oder Expertise, d.h. Fachleistung auf hohem Niveau (vgl. Heller 2001b, 4).

Schulleistung und ihre Komponenten

Die verbreitete Annahme, eine überdurchschnittliche Begabung würde sich auch in besonders gute Schulleistungen umsetzen, ist ein Irrtum. Über die Erhebung von Intelligenz lässt sich die Leistungsproduktivität nicht vorhersagen. »Intelligenz bleibt wirkungslos, wenn nicht die Auseinandersetzung mit einem Wissensgebiet gesucht und aus eigenem Interesse vollzogen wird« (Hany 1998, 7). Die Schulleistung hängt sowohl von vielen Faktoren und ihrem komplexen Gefüge ab (vgl. Abb. 4), so von Persönlichkeitsmerkmalen des Lernenden als auch vom Einfluss von Familie, Schule, Peers und Medien.

Abb. 4: Faktoren der Schulleistung

Im Unterricht werden alle von der Lehrkraft angebotenen Lernarrangements vom Kind resp. Jugendlichen nur soweit genutzt werden können, wie die Ausprägung dieser Faktoren es ermöglicht. Die

Faktoren sind als gegenseitig kompensationsfähig zu denken. Gleiche Schulleistungen können also aufgrund der Wirkung unterschiedlicher Faktorenkombinationen entstehen.

»Neben konstitutionellen Faktoren (biologische Merkmale wie z.B. Lebensalter und Geschlecht) sowie die mit bestimmten Lernschwierigkeiten und Lernbehinderungen verbundenen körperlichen Beeinträchtigungen (...) stellt Intelligenz eine der wichtigsten Determinanten der Schulleistung dar. Trotz erheblicher Schwankungsbreite gehört die enge Beziehung zwischen allgemeiner Intelligenz und Schulleistung (mittlere Korrelation von r = 0,50 bis r = 0,60) zu den am besten gesicherten empirischen Befunden (...). (...) Diese Fixierung auf allgemeine intellektuelle Fähigkeiten und inhaltsunabhängige Denkoperationen (...) hat lange Zeit den Blick auf individuelle sowie instruktionale Determinanten der Schulleistung verstellt. Dass sich das aufgaben- und bereichsspezifische Vorwissen vielfach als vorhersagestärker erwiesen hat als die Intelligenz (...), mag wenig überraschend sein. Die zentrale Bedeutung des Vorwissens ist aber erst in den letzten Jahren (...) deutlich geworden« (Helmke/Schrader 2001, 82).

In der empirischen Unterrichtsforschung hat sich der *Vorkenntnisstand* als bester Voraussagefaktor für Schulleistungen erwiesen. Die bei einer Schülerin vorhandenen Wissensbestände, die als notwendige Voraussetzungen für einen Lernschritt gelten können, ermöglichen die Nutzung des Lernarrangements. Mängel bei den Vorkenntnissen erschweren den Lernschritt oder machen ihn unmöglich, wenn es keine Möglichkeiten der Kompensation oder des aktuellen Nachlernens gibt. Zu den Vorkenntnissen gehören auch die beim bisherigen Lernen erworbenen *Lern- und Kontrollstrategien*. Da aber bekannt ist, dass gerade schlechte Schülerinnen und Schüler implizit angebotene Strategien nicht beiläufig erwerben, da sie zu intensiv mit der Inhaltserarbeitung beschäftigt sind oder aber ihre Gedächtniskapazität nicht ausreicht, werden sie hier separat erwähnt. Die explizite Erwähnung strategischer Überlegungen, z.B. durch lautes Denken der Lehrerin oder guter *Lernender*, kann den Erwerb der Strategien sichern. Alle Leistungen wirken auf das *Fä-*

higkeitsselbstkonzept einer Person. Darunter verstehen wir leistungsbezogenes Selbstvertrauen und das Gefühl von Selbstwirksamkeit. Dieses ist wiederum die Basis von Erfolgs- oder Misserfolgserwartungen. Gerade im Umgang mit fehlerhaften Leistungen ist es daher wichtig, die Rückmeldung durch die Lehrkraft als Bewertung eines Sachstandes mit Verbesserungsvorschlägen zu verbinden; sie sollten nicht als Beleg für einen Mangel der Person aufgeführt werden. Unter *Einstellung zum Lernen* versteht man die affektiv (negativ oder positiv) getönte Orientierung gegenüber dem Lernen. In die Lernmotivation gehen sowohl subjektive Erwartungen als auch Anreizwerte ein.

Menschen erwerben in ihrer Entwicklung die Fähigkeit zur *Selbstregulation* von Gefühlen und zur Überwachung von (geplanten) Handlungen. Hat die primäre Sozialisation eines Kindes durch die Familie zu keiner ausreichenden Entwicklung der Regulationsfähigkeit geführt, wird dieses Kind dann Probleme haben, wenn das Einhalten von Regeln oder das Durchführen selbstständiger Arbeiten verlangt wird. Diese Probleme können durch geeignete Trainingsverfahren reduziert werden. *Motivation* liefert die Energie für ein Verhalten. Kann aufgrund mangelnder Motivation keine ausreichende Energie bereitgestellt werden, ist der Aufwand an Lernanstrengung und an Zeit, die der Aufgabenstellung gewidmet wird, zu klein, um Erfolge zu erzielen. Unter *Attributionsmuster* verstehen wir die subjektiven Erklärungsmuster für Erfolg und Misserfolg. Werden Leistungen nicht als Folge von investierter Anstrengung, sondern als Wirkung von Glück oder Pech erlebt, kann keine Motivation für die intensive Arbeit mobilisiert werden. Die aktuellen *sozialen Bezüge* unterstützen oder erschweren die Erbringung einer Leistung, je nachdem, ob es zufriedenstellende oder defizitäre Interaktionsmöglichkeiten gibt und eine Schülerin oder ein Schüler auf Unterstützung oder Bedrohung durch ihre Interaktionspartnerinnen und -partner rechnet. *Emotionale Befindlichkeiten*, die sich aus schulischen oder außerschulischen Erlebnissen oder gar Krisen ergeben (können), blockieren die Leistungserbringung. Positive emotionale Tönung unterstützt die erfolgreiche Lernarbeit.

Die bisher dargestellten Faktoren sind alle durch Lern- und Entwicklungsprozesse zu beeinflussen. Ihre momentane Ausprägung macht bestimmte Lernprozesse zu diesem Zeitpunkt möglich oder verhindert sie. Diese Faktoren sind daher bei der Planung von Lernarrangements zu berücksichtigen. Da diese selbst wiederum durch Lernangebote, z.b. Trainings, zu verändern sind, kann mithilfe geeigneter Umwege oder Förderangebote auch bei Schülerinnen und Schülern, die augenblicklich schlechte Leistungen erbringen, langfristig eine Leistungssteigerung erreicht werden.

Die konkreten *Arbeitsbedingungen* erleichtern oder erschweren die Leistungserbringung. Schlechte Akustik in der Klasse macht das Zuhören schwer und vermindert so den Lernerfolg. Eine Umgebung mit vielen Störungen erschwert oder verhindert das konzentrierte Arbeiten. Fehlende Zeit führt zum Abbruch von Prozessen und mindert so die Erfolgschancen. Auch Arbeitsbedingungen sind gestaltbar, können also gezielt zur Ermöglichung oder Steigerung von Leistungen verändert werden. Die Art der *Aufgabenstellung*, vor allem die Systematik des Aufbaus der Anforderungen im Rahmen eines kohärenten Curriculums, unterstützt die Erweiterung der Leistungen. Wichtig ist die Überlegung, dass Aufgaben, wenn ihr Sinn für die Leistungserweiterung nicht verstanden wird, oft zu erledigungsorientierten Abarbeitung ohne Lernintention führen; ihre Wirkung verpufft. Die *Begabung* als Grundlage der Schulleistung ist ein bedeutsamer Faktor. Allerdings ist anzumerken, dass alle Inhalte aufgrund von Erziehungs- und Unterrichtsprozessen in den Köpfen und Körpern der Kinder entstehen, Begabung also keine von Schule unabhängige Ausgangslage ist. Begabungsmängel können prinzipiell durch den systematischen Aufbau von Erfahrungen und durch Vorkenntnisse ausgeglichen werden. Dies bedarf zusätzlicher Lernzeit. Bei Begabung wird hier auch die Ausstattung mit *Teilleistungen* angeführt, weil das Ausmaß der verfügbaren Teilleistungskomponenten bei einer Aufgabenstellung oft erfolgsentscheidend ist. Setzt die Aufgabenstellung, z.B. lautgetreues Schreiben eines Wortes, eine bestimmte Teilleistung voraus, hier: das korrekte Hören, kann ein Mangel in dieser Teilleistung die Leistungserbringung verhindern, falls es nicht durch Förderung alternative Strategien (wie Speicherung von Worten durch visuelle oder kienästhetische Hilfen) erworben wurde.

Als schulleistungsrelevante Aspekte des *Elternverhaltens* können wir die Stimulation des Kindes durch eine anregende, aktivierende Umwelt, die viele Lerngelegenheiten bietet und die Neugier anspricht und so die sensomotorische und später intellektuelle Entwicklung fördert, ebenso begreifen wie Formen direkter Förderung durch Instruktion. Sie ist um so wirksamer, je besser sie auf die kognitiven und motivationalen Lernvoraussetzungen des Kindes abgestimmt ist, je weniger direktiv und je mehr sie in einer von Vertrauen, Akzeptanz und Verständnis bestimmten Familienatmosphäre erfolgt. Eltern beeinflussen Lernverhalten und Schulleistungsergebnisse durch schulleistungsrelevante Einstellungen, Erwartungen, Aspirationen, Anspruchsniveaus, durch ihre Modellfunktion im Umgang mit Leistungsanforderungen, durch ihren Umgang mit Erfolg und Misserfolg und durch eigene Diagnosen und Prognosen zur Entwicklung des Kindes. Eltern, die ihre Kinder wenig stimulieren (können), sollten Hinweise durch die Lehrkraft erhalten, wie dies gelingen kann.

Diese Überlegungen zeigen, dass für die Organisation eines aktuellen Lernprozesses der gegebene Entwicklungsstand bei einer Fülle von Faktoren über den potenziellen Erfolg entscheidet. Diese Faktoren sollten bei der Planung berücksichtigt werden. Sind einzelne Faktoren nicht ausreichend entwickelt, macht das den Lernerfolg nur dann unmöglich, wenn keine Kompensation durch andere Faktoren erfolgen kann. Die einzelnen Komponenten sind selbst wiederum durch Lernprozesse veränderbar. Bei biologischen Grenzen (z.B. bei Ausfall eines Sinnessystems) sind Zugänge unter Umgehung der schwach ausgeprägten Teilleistung zu suchen. Die Grenzen der Veränderung bzw. der Leistungssteigerung bei der Schülerin oder beim Schüler liegen überwiegend in der dafür benötigten Lernzeit, die in der Schule ein knappes Gut ist.

Unterricht in heterogenen Lerngruppen

Im Modell zur Planung von Unterricht in heterogenen Lerngruppen entfalten wir wichtige Faktoren des Handlungsfeldes Unterricht. Wir beschreiben Unterricht als zielführende Abfolge von Lernarrangements, wobei inhaltliche, soziale und dramaturgische Gesichtspunkte gleichzeitig zu bedenken sind. Bei der Planung geht es darum, jeweils zu erreichende Endkompetenzen anzugeben, diese in zu erreichende Teilkompetenzen zu zerlegen und deutlich zu markieren, wie der Lehr- und Lernprozess zum Erreichen dieser Teilkompetenzen verlaufen soll und durch welche diagnostisch relevanten Aufgaben und Prüfoperationen angegeben werden kann, ob er gelingt resp. misslingt. Die Unterrichtssequenz ist beendet, wenn die Schülerinnen und Schüler beim Bearbeiten der diagnostisch relevanten Aufgaben ein Kompetenzniveau zeigen, das die festgelegten Standards erreicht oder überschreitet. Dafür sind geeignete Lernarrangements zu finden und zu gestalten. Soll auf die heterogenen Lernvoraussetzungen und Lernprozesse der Schülerschaft Rücksicht genommen werden, sind – neben dem Standardarrangement – alternative Lernarrangements zu bedenken. Für schwächere Schüler sind »Stützstrukturen« anzulegen, die es ihnen ermöglichen, das Ziel mit besonderen Hilfen zu erlangen. Der Prozess des Unterrichtens ist – auf der Grundlage einer Diagnose der Lernprozesse der Schüler – gezielt zu steuern. Dafür sind geeignete Punkte des Überwachens des Lernfortschritts (Monitoring) zu bedenken.

Heterogene Lerngruppen als Normalfall

Lehrkräfte finden in der Regel Lerngruppen vor, die aus heterogenen *Lernern* (bezogen auf Interesse, Leistung, Entwicklungsstand, Vorwissen, Alltagstheorien) bestehen. Auf dem Hintergrund der

Ergebnisse international vergleichender Schulleistungsstudien wissen wir, dass es in Deutschlands Schulen weniger als in anderen Ländern gelingt, die Schülerinnen und Schüler auf einem hohen und möglichst gering um einen Mittelwert gestreuten Leistungsstand zu unterrichten. Im Folgenden soll über das Handwerkszeug gesprochen werden, mit dessen Hilfe es gelingen kann, hohe und überprüfbare Schülerleistungen mit möglichst geringer Streuung zu erreichen. Um dieses Ziel zu erreichen, geht es um das Überdenken handlungsleitender Konzepte der Unterrichtsplanung, -kontrolle und -auswertung. Wir stellen ein Modell vom Unterricht und einen Rahmen zur Unterrichtsplanung und Unterrichtssteuerung in heterogenen Lerngruppen vor, das wirksames unterrichtliches Handeln ermöglicht. Die damit verbundenen Teilgebiete (wie Analyse der Lernvoraussetzungen der Schülerinnen und Schüler, Inhaltsanalyse, Lernstrukturanalyse) sollen systematisch erhellt werden.

Relevante Planungs- und Steuerungsaspekte

Um Unterricht planen zu können, muss die Lehrkraft die *Lernausgangslagen* der Schülerinnen und Schüler, ihre Lernfähigkeiten und Kompetenzen erfassen. Sie muss eine *Inhaltsstrukturierung* und eine *Lernstrukturanalyse* vornehmen und geeignete *Lernarrangements* (Materialien, Aufgabenstellungen, Arbeits- und Sozialformen) durchdenken.

Bei der *Durchführung und Steuerung* des Unterrichts muss sie geeignete Materialien, Medien und Aufgabenstellungen einsetzen, anhand derer Lernen möglich wird. Im Prozess muss sie die Lernprozesse und Ergebnisse des Lernens überwachen (Monitoring), um angemessen eingreifen zu können. Eine Schlüsselstellung kommt dabei dem Klassenmanagement zu.

Nach dem Unterricht sind die Lernergebnisse und Lernprozesse zu evaluieren (Evaluation). Dazu sind diagnostisch relevante Aufgaben heranzuziehen.

Die folgende Begriffslandkarte (vgl. Abb. 5) gibt einen Überblick über relevante Planungs- und Steuerungsaspekte:

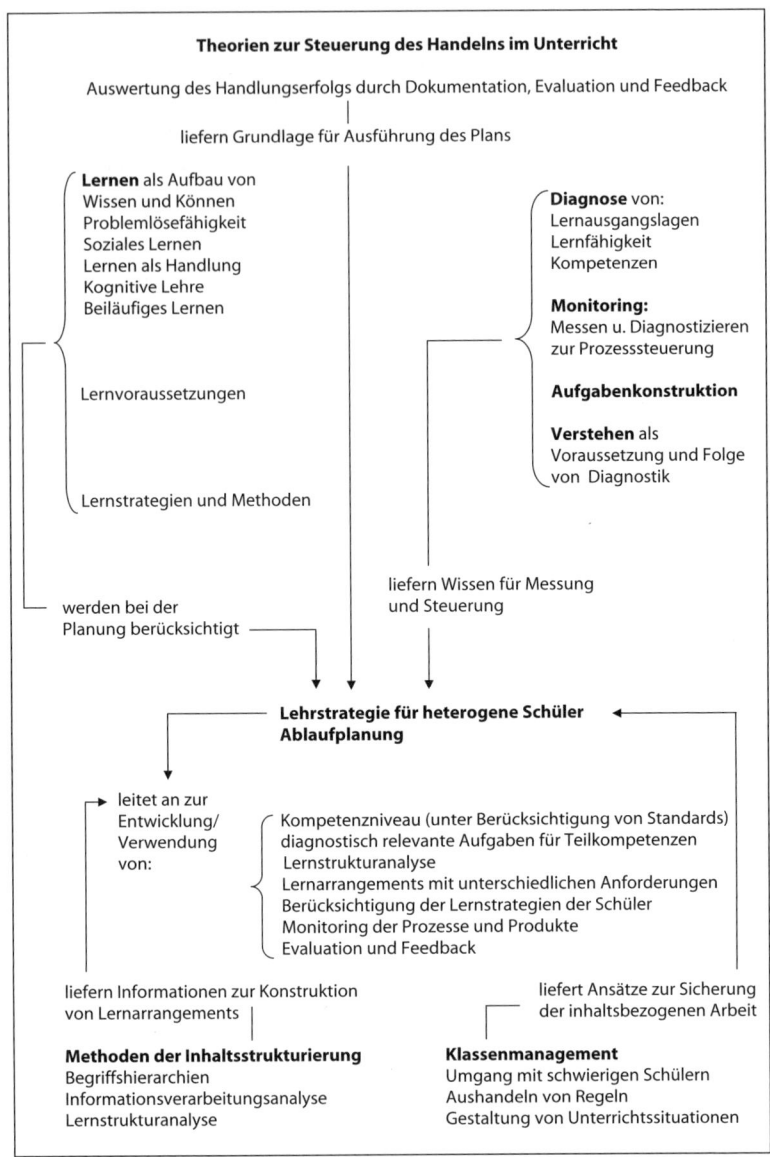

Abb. 5: Begriffslandkarte für Unterricht in heterogenen Gruppen

Modell der Planung und Steuerung von Unterricht

Unser Modell der Planung und Steuerung von Unterricht basiert auf folgenden *Grundannahmen:* Um angemessenen Unterricht zu planen, ist es nötig, den jeweiligen Lernstand der Schüler zu kennen und zu berücksichtigen. Um Kompetenzen aufzubauen, ist es notwendig, nicht nur Ziele des Unterrichts zu formulieren, sondern über die Lernwege der Schüler nachzudenken und Lernarrangements zu wählen, die diesen Lernwegen gerecht werden. Die Auswahl und der Einsatz von Methoden muss sich an den Lernprozessen der Schüler und den Strukturen des Lerngegenstandes orientieren. Zur Sicherung der Unterrichtsqualität ist es nötig, die von den Schülerinnen und Schülern erreichten Schülerleistungen durch Messung zu erfassen. Um sie einschätzen und bewerten zu können, sind vorhandene Standards zu berücksichtigen oder Standards zu formulieren.

Welches *Theoriegerüst* wird gebraucht, um die notwendigen Variablen des Handlungsfeldes systematisch zu ordnen und Handlungsanweisungen ableiten zu können? Wir entwerfen ein solches Theoriegerüst, das ein Verständnis der Problemlage ermöglicht und für eigene Planungs- und Auswertungsprozesse herangezogen werden kann. Es konzentriert sich auf das Durchdenken eines Lernweges zum Aufbau von Kompetenzen und differenziert diesen Ansatz im Hinblick auf eine heterogen zusammengesetzte Schülerschaft aus. Dass Unterricht in heterogenen Gruppen erfolgen soll, wird in der pädagogischen Literatur vielfach postuliert (vgl. Prengel 1993; Graumann 2002). Hier geht es darum, diese Begründungen nicht zu doppeln, sondern aufzuzeigen, wie dies gelingen kann. Die hier vorgestellten Überlegungen verknüpfen die Denkansätze einer Didaktik auf psychologischer Grundlage (Aebli 1997, 2001), des Instructional Design (Seel 1999; Gagné et al. 1992) und mikrodidaktische Ansätze (Prell 2000).

Unterricht wird als zielerreichende Abfolge von Lernarrangements aufgefasst. Die Planung dieser Abfolge muss neben inhaltlicher und sozialer Angemessenheit auch choreographische und dramaturgische Gesichtspunkte bedenken. Stoffbezogene und soziale Lernsituationen sind gleichzeitig zu reflektieren und in angemessener Balance zu halten.

Das folgende Modell (Abb. 6) zeigt die Struktur für einen Unterrichtsverlauf, der darauf ausgerichtet ist, ein angezieltes Kompetenzniveau im Umgang mit den ausgewählten Inhalten sicherzustellen.

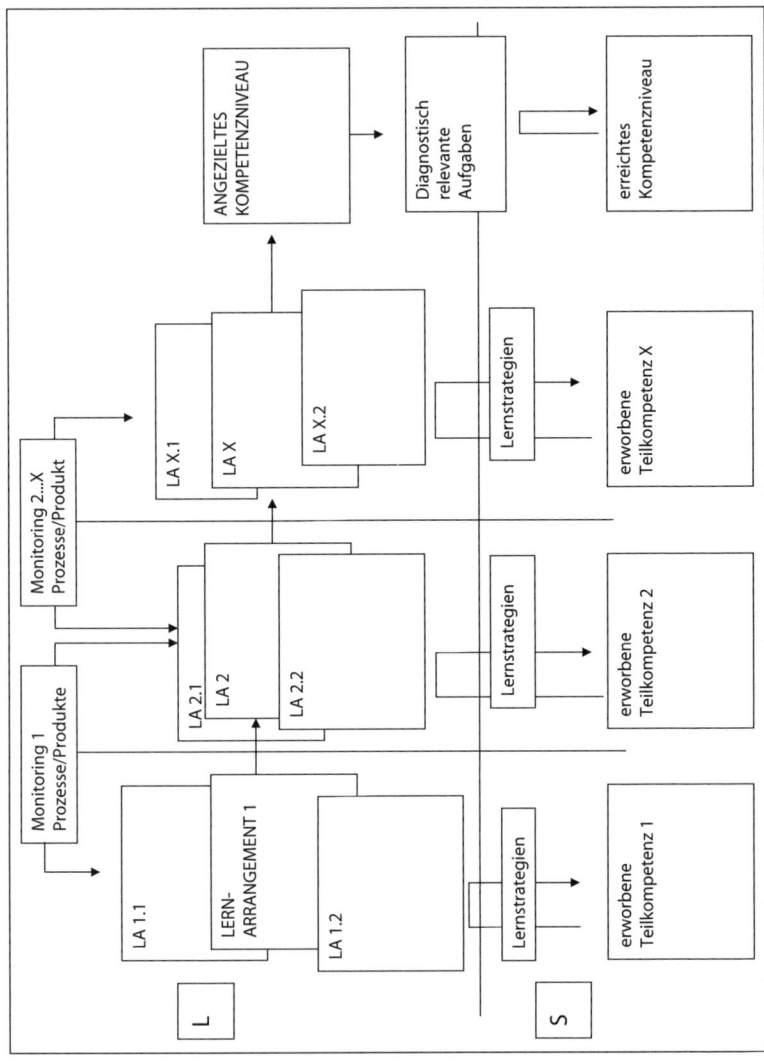

Abb. 6: Lehrstrategie für heterogene Gruppen

Betrachten wir die im Modell beschriebenen Abläufe und Komponenten ausgehend vom Ende einer Lehrsequenz. Aufgabe der Lehrkraft ist es, bei ihren Planungsüberlegungen das angezielte Kompetenzniveau in Bezug auf die Inhalte zu definieren und Standards festzulegen, die dabei von einzelnen Schülerinnen oder Schülern resp. Schülergruppen erreicht werden sollen. Für das angezielte Kompetenzniveau sind diagnostisch relevante Aufgaben (Klauer 2001) zu entwerfen, mit deren Hilfe geprüft werden kann, ob die Kompetenzen tatsächlich erworben wurden. Die Unterrichtssequenz ist beendet, wenn die Schüler beim Bearbeiten der diagnostisch relevanten Aufgaben ein Kompetenzniveau zeigen, das die festgelegten Standards erreicht oder überschreitet. Um dieses Ziel zu erreichen, sind folgende Schritte nötig:

- die Auswahl geeigneter Inhalte,
- die Festlegung der Kompetenzen,
- das Setzen geeigneter Standards,
- die Konstruktion von Aufgaben zur Erfassung der Schülerleistungen,
- die Wahl geeigneter Bezugssysteme der Beurteilung.

Die Denk- und Planungsaufgabe der Lehrerin besteht darin, einen Lernweg zu entwerfen, auf dem durch eine Abfolge von Lernschritten der Erwerb von notwendigen Teilkompetenzen ermöglicht wird.

Um Lernwege zu durchdenken, ist die Erarbeitung einer Inhaltsanalyse (oder auch Sachanalyse), einer didaktischen Analyse und einer Lernstrukturanalyse erforderlich. Die *Inhaltsanalyse* ist ein Verfahren, in dessen Verlauf eine Fragestellung, ein Problem, ein Thema unter verschiedenen fachwissenschaftlichen Perspektiven auf seine Struktur hin analysiert wird. Hierbei geht es darum, sich unter verschiedenen oder zumindest einer fachwissenschaftlichen Perspektive mit einem Inhalt auseinander zu setzen. Die Inhaltsanalyse liefert die Struktur des Unterrichtsgegenstandes, zeigt auf, aus welchen Bestandteilen er besteht und welche Oberbegriffe/Unterbegriffe den Gegenstand kennzeichnen. Bei der *didaktischen Analyse* wird ein Problem oder ein Thema daraufhin befragt, wie eine bildende Auseinandersetzung anhand dieses Inhalts erfolgen kann. Hier sollen auch Lernziele benannt werden. Die *Lernstruktur-analyse* betrachtet den Unterrichtsgegenstand unter dem Aspekt der zu seiner Aneignung notwendigen Lernprozesse, fragt danach, bei welchen Teilen/Aspekten des Gegenstandes es sich um Wissen, Fertigkeiten oder Operationen handelt und liefert Hinweise darauf, welche Arten von Lernprozessen stattfinden müssen, damit die mit den Lernzielen angezielte Kompetenz aufgebaut werden kann. Wenn es darum geht, durch den Unterricht Lernprozesse anzuleiten, ist einerseits den anzueignenden Inhalten oder Stoffen gerecht zu werden. Zugleich ist mit den Lernzielen die Perspektive, unter der diese Stoffe erarbeitet werden, anzugeben. Von besonderer Bedeutung sind die *Lernvoraussetzungen* der Schüler, ihr Vorwissen und ihre Alltagstheorien. Es ist zu klären, ob es darum geht, diese auszudifferenzieren und zu verfeinern oder ob naive Annahmen grundsätzlich umzustrukturieren und zu korrigieren sind (vgl. Kiper/Mischke 2004, 165ff.). Die Lernstrukturanalyse klärt die grundsätzlich notwendigen Lernschritte. Die Ermittlung der Lernvoraussetzungen ermöglicht die Gestaltung der für die Schüler geeigneten Varianten dieses Lernwegs und damit die Auswahl von Methoden. Anschließend ist das konkrete Lernarrangement zu planen (vgl. Abb. 7).

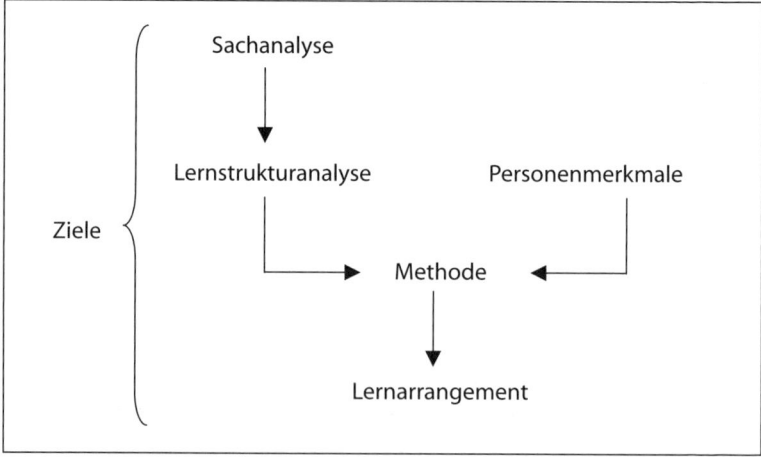

Abb. 7: Die Bedeutung der Lernstrukturanalyse bei der Planung von Lernarrangements

Die Lehrkraft hat die Aufgabe, den Schülerinnen und Schülern Lernangebote (in Form von Materialien, Lernaufgaben, Methoden, Medien) zur Verfügung zu stellen. Sie muss, basierend auf ihren Überlegungen über die zu organisierenden Lernprozesse, *Lernarrangements* organisieren. Lernarrangements verschränken Inhalte und Methoden (einschließlich der Arbeits- und Sozialformen), Zeitvorgaben, Prüf- und Kontrollaufgaben im Blick auf geplante und durchdachte, mögliche Lernwege und Aneignungsformen der Schülerinnen und Schüler.

Ein *Beispiel* soll die Vorgehensweise erläutern. Gehen wir von den Standards für die Jahrgangsstufe 10 im Fach Deutsch aus. Im Kompetenzbereich Sprechen und Zuhören gibt es unter der Überschrift »Mit anderen sprechen« folgende Standards:

– die eigene Meinung begründet und nachvollziehbar vertreten und
– auf Gegenpositionen sachlich und argumentierend eingehen.

Eine Sachanalyse zeigt, dass für das Begründen und Argumentieren ein Rückgriff auf eine Argumentationstheorie notwendig ist. Diese stellt in der funktionalen Argumentationsanalyse Kategorien für die Untersuchung der Struktur einer Aussage zur Verfügung. Es ist in einer Rollenanalyse zu prüfen, was in einem Redebeitrag als behauptete Schlussfolgerung oder These anzusehen sei, welche Belege oder Daten angeführt werden und aufgrund welcher Schlussregel der Geltungsanspruch behauptet wird. Das Argument kann zurückgewiesen werden, wenn die angeführten Fakten nicht zutreffen bzw. bestritten werden oder die Schlussregel keine Geltung hat. Die materiale Argumentationsanalyse hat die inhaltliche Gültigkeit von Argumenten durch Prüfung der kategorialen Angemessenheit innerhalb des verwendeten Sprachspiels zu prüfen (Kopperschmidt 1989). Mit anderen sprechen und dabei angemessen begründen und sachlich argumentieren ist also einerseits eine Form des sprachlichen Handelns, die in Simulationen geübt werden kann, andererseits aber auch die Anwendung von Wissen über Argumentation und Begründbarkeit.

Die Sachanalyse ermittelt die notwendigen Inhalte und die darauf folgende Lernstrukturanalyse klärt, welche Lernprozesse beim Erwerb dieser Inhalte benötigt werden. Für den Erwerb des Wissens über Argumentation und Begründbarkeit ist der Aufbau eines Wissens über Sachverhalte und der Erwerb von Begriffen wie These, Faktum, Schlussregel nötig. Diese Begriffe sind mindestens in einem Inhaltsfeld, mit dem jeweils zugehörigen kategorialen Sprachspiel durchzuarbeiten und durch Anwendungsübungen flexibel einsatzfähig zu machen. Der Erwerb dieser analytischen Strukturen ist dem Üben logisch vorgeordnet, da es sonst keine rationalen Kriterien für gelungene oder gescheiterte Gespräche gibt.

Ausgehend von den Interessen und inhaltlichen Vorkenntnissen der Schülerinnen und Schüler können Inhaltsbereiche ausgewählt und Methoden zugeordnet werden. Dialoge können in der Realität beobachtet oder im Rollenspiel entwickelt werden. Die Wissensstruktur der Argumentationsanalyse ist dann zu erarbeiten und kann an verschriftlichten Redebeiträgen zunächst in Zeitlupe geübt werden, bevor eine Einübung der Anwendung in aktuellen Gesprächssituationen, z.B. in Rollenspielen oder Planspielen mit anschließender Analyse und Feedback, erfolgt. Aus diesen Überlegungen können geeignete Lernarrangements mit Formen von fragend-entwickelnden Lehrgesprächen, Einzelarbeit an Texten, Feedback durch Partnerarbeit, Gruppenarbeit zur Vorbereitung und Durchführung von Rollenspielen und Präsentationen und Diskussionen im Plenum entwickelt werden.

Wir schlagen vor, zunächst einen *Lernweg* zum Erwerb der angezielten Kompetenzen zu durchdenken. Dieser Lernweg besteht aus einer Abfolge von Lernarrangements, die von den Schülerinnen und Schülern unter Einsatz von vorhandenen oder zu erwerbenden Lernstrategien durchgearbeitet werden sollen und für die eine Folge geeigneter Prüf- und Kontrollaufgaben zur Überprüfung der Teilkompetenzen vorausgeplant werden.

Um die Kompetenz Y aufzubauen, sind demnach die Lernarrangements 1, 2, 3 ... X vorgesehen. Das Durchdenken und Planen einer solchen Folge von Lernarrangements reicht dann aus, wenn alle Schülerinnen und Schüler die gleiche Lernausgangslage haben, also eine homogene Lerngruppe bilden, die Lehrkraft ihre Lernvoraussetzungen kennt und bei der Planung hinreichend berücksichtigt. Dieses Vorgehen sichert einen möglichen Lernweg zum Erreichen der Kompetenz Y. Das Modell geht von der Überlegung aus, dass ein geeignetes Lernarrangement nur dann wirksam werden kann, wenn die Schülerinnen und Schüler bereit sind, sich mit diesen Lernarrangements genügend intensiv auseinander zu setzen und wenn sie die dafür benötigten Lernstrategien verfügbar haben bzw. sie erwerben und auch einsetzen.

Schulisches Lernen setzt die Kooperation von Lehrkräften und Schülerinnen und Schülern voraus. Bei der Planung der Lernarrangements setzt die Lehrkraft ihr Wissen über Methoden ein, um Formen der Bearbeitung von Inhalten vorzuschlagen bzw. anzulegen, die deren Aneignung ermöglichen. Die Schülerinnen und Schüler setzen ihr metakognitives Wissen und ihre Lernstrategien und Methoden ein, um mithilfe eines lernwirksamen Umgehens mit den Vorgaben der Lehrkraft (Materialien und Arbeitsaufträgen) den Aufbau der gewünschten Teilkompetenzen zu realisieren.

Bei einer heterogenen Schülerschaft reicht das vorgestellte Standardarrangement nicht aus, um bei allen Schülern gleichermaßen den Aufbau von Teilkompetenzen zu unterstützen. Zugeschnitten auf spezielle Merkmale von Schülern sind, abhängig z.B. von unterschiedlichen Vorkenntnissen, Lernstrategien oder Bedarf an Unterstützung, geeignete Varianten für das jeweils gedachte Standard-Lernarrangement zu entwickeln. Die Varianten ermöglichen den Schülerinnen und Schülern, jeweils einen für sie geeigneten Lernweg zu gehen. Das Modell sieht daher die alternativen Lernarrangements 1.1 und 1.2, 2.1 und 2.2 bis X.1 und X.2 vor. *Die alternativen Lernarrangements* können in ihrer Inhaltswahl, der Berücksichtigung unterschiedlicher Vorkenntnisse, dem Ausmaß der Offenheit bzw. genauen Vorstrukturierung, ihrem methodischen Vorgehen, in der Eignung für unterschiedliche Lernstrategien und vor allem im Zeitbedarf unterschieden werden (Bönsch 2000).

Feststellen der Lernausgangslagen

Das Feststellen der Lernausgangslage wird an dieser Stelle im Hinblick auf die Veränderung des Wissens und Könnens durch Lernen in den Blick genommen. Wenn die Lehrkräfte die Ausgangsvoraussetzungen der Schülerinnen und Schüler feststellen wollen, können sie zunächst untersuchen, was diese bereits wissen. Dieses Wissen kann bruchstückhaft, einfach strukturiert oder auch falsch sein. Es geht darum, mindestens einen Gesichtspunkt herauszufinden, der von den meisten gewusst oder gekonnt wird. Von diesem ausgehend kann zu weniger bekannten Aspekten weitergegangen werden. Dazu können Fragen mit offenen Antwortformaten eingesetzt werden. Es ist aber auch möglich, dass Schülerinnen und Schüler selbst Thesen und Fragen zu einem Thema formulieren. Die Ergebnisse der ausgewerteten Daten sollten an die Schülerinnen und Schüler rückgemeldet werden. Es kann sich eine Besprechung anschließen, welche Konsequenzen sich aus diesen Daten für die Planung und Gestaltung des Unterrichts und ihre Lerntätigkeit ergeben. Eine andere Möglichkeit besteht darin, die Lernenden zu einem Text oder Unterrichtsthema nach den unklaren oder verwirrenden Gesichtspunkten zu fragen und von diesen ausgehend den Unterricht zu gestalten. Eine dritte Variante besteht darin, zu ausgewählten Unterrichtsthemen durch die Schülerinnen und Schüler Begriffslandkarten anfertigen zu lassen. Diese Erfassung von Lernausgangslagen mithilfe der vorgeschlagenen Verfahren (Classroom-Assessment-Techniques, CAT) ist keine Leistungserfassung im bislang üblichen Sinne der Schülerbeurteilung und Benotung (vgl. Prell 2000).

Steuerung des Lernprozesses durch Monitoring

In diesem Modell werden zwei verschiedene Formen der Beobachtung und Überprüfung der Schülerleistungen unterschieden. Ein Überprüfen des Lernprozesses der Schülerinnen und Schüler im Kontext des Lernens, im Rahmen der Entfaltung einer Lernkultur, bezeichnen wir als Monitoring. Mit *Monitoring* ist eine methodisch kontrollierte Erfassung von Lernständen und Lernprozessen gemeint. Es dient dazu, dass die Lehrkraft den Lernprozess über-wacht, Hinweise darüber erhält, was verstanden oder nicht verstan-den wurde und Hinweise gibt, an welchen Punkten der Lernprozess der Schülerinnen und Schüler hakt oder stockt. Ausgangspunkt für ein Monitoring können folgende Fragen sein:

- Was sind die grundlegenden Fertigkeiten und das Wissen, das im Unterricht gelehrt/gelernt werden soll?
- Wie lässt sich herausfinden, ob die Schülerinnen und Schüler dies tatsächlich lernen?
- Wie kann den Kindern resp. Jugendlichen dabei geholfen wer-den, besser zu lernen?

Dazu können Produkte der Schüler angeschaut oder Aussagen der Schülerinnen und Schüler über ihr Denken beim Lösen einer Auf-gabe herangezogen werden. Dabei sind die Dimensionen Wissens-strukturen, kognitive und metakognitive Lernstrategien, Ressour-cenmanagement, Denken und Problemlösen zu beachten.

Monitoring dient einer Lehrkraft dabei, angemessene *Entschei-dungen zur Lernsteuerung* zu treffen. Diese Entscheidungen können sich auf die Entwicklung und Revision von Lernarrangements be-ziehen, die Zuordnung von Lernern zu speziellen Arrangements betreffen, die Planung und Gestaltung von tutorieller Unterstüt-zung der Schülerinnen und Schüler anleiten oder Hinweise zur Op-timierung der Instruktion geben. Die mit *Monitoring* bezeichneten Prozesse sind nur als Feedback und Steuerungsinformation ge-dacht; eine Beurteilung durch Noten unterbleibt. Die Prozesse des Monitorings sind als kooperative Abläufe zwischen Schülern und Lehrern zu gestalten. Beim Monitoring kann es ein partnerschaftli-ches Verhältnis von Lehrkraft und Schülerinnen und Schülern ge-ben, da es um die Erhebung von steuerungsrelevanten Informatio-nen geht. Die gewonnene Information kann Lehrkraft und Kinder resp. Jugendliche gleichermaßen zur Verbesserung des Lernprozes-ses nutzen. Einige in diesem Sinne verwandte Verfahren sind

- die Diagnose durch Augenschein, wenn eine Lehrkraft einzelne Schülerinnen oder Schüler beim Arbeiten beobachtet;

- das Stellen von Zwischenfragen, um ein »tieferes« Verständnis bei Schülerinnen und Schülern zu unterstützen;
- die Analyse von Fehlern, die von der Lehrkraft bemerkt und vor der Klasse berichtigt werden;
- die Aufforderung an Schülerinnen oder Schüler, bei der Bearbeitung einer Aufgabe an der Tafel »laut« zu denken;
- die Bearbeitung einfacher Lernzielkontrollblätter, um den Lernerfolg einer Unterrichtsstunde zu überprüfen (vgl. Prell 2000).

Auswertung des Unterrichtserfolgs

Die Messung zur Erfassung des erreichten Kompetenzniveaus wird im klassischen Sinne als *Leistungsmessung (Leistungsermittlung)* und *Leistungsbeurteilung (Zensurenvergabe)* gedacht. Der Leistungsmessung liegen in der Regel allgemein anerkannte Maßstäbe zugrunde; die Leistungsbewertung ist dagegen vielschichtig.

Bei der Bewertung von Leistungen sind grundsätzlich drei Bezugsnormen denkbar. »Unter Bezugsnorm (engl. ›reference norm‹) versteht man einen Standard, mit dem ein Resultat verglichen wird, wenn man es als Leistung wahrnehmen und bewerten will (Heckhausen)« (Rheinberg 2001, 55). Als Norm, mit der ein Resultat verglichen werden kann, werden die soziale Bezugsnorm, die sachliche Bezugsnorm und die individuelle Bezugsnorm genannt.

Die *soziale Bezugsnorm* bedeutet eine Orientierung am Gruppenergebnis (Klassendurchschnitt). Bei diesem Ansatz ist eine Leistung dann gut, wenn ein Schüler mehr Punkte als der Durchschnitt der anderen Schüler hat. Seine Leistung liegt – im Vergleich mit der Bezugsgruppe – in der Spitzengruppe. Schlecht ist eine Leistung, die im Vergleich zur Bezugsgruppe unterdurchschnittlich ist.

Die *individuelle Bezugsnorm* bedeutet die Orientierung an der individuellen Leistung (Lernfortschritt): Bei diesem Ansatz wird danach gefragt, inwieweit ein Schüler resp. eine Schülerin seine/ihre Leistungen verbessert resp. verschlechtert hat. Die Bezugsnorm sind die bisher erbrachten Leistungen.

Falko Rheinberg verdeutlicht, dass diese beiden Normen *Realnormen* sind, weil sie auf Resultaten basieren, die in der Realität bereits aufgetreten sind – entweder als Durchschnittsresultat oder als früheres Resultat einer Person. Davon zu unterscheiden sind *Idealnormen*, also Normen, die in der Sache selbst liegen.

Die *sachliche Bezugsnorm* beinhaltet die Orientierung an einem Sachkriterium (z.b. einem Lernziel, einem Standard): Bei Anwendung der sachlichen Bezugsnorm sind vor allem lehrziel- oder kriteriumsorientierte Tests einzusetzen, anhand derer entschieden werden kann, ob das Lehrziel erreicht wurde. Für die Konstruktion eines solchen lehrziel- oder kriteriumsorientierten Tests benötigt man die Definition der Aufgabenmenge, die beherrscht werden soll und die Angabe des geforderten Kompetenzgrades. »Mit der Aufgabenmenge wird festgelegt, *was* die Lernenden am Ende können sollen, und mit dem Kompetenzgrad, *wie gut* sie das dann beherrschen können sollen« (Klauer 2001, 402). Zu jeder definierten Aufgabenmenge wird in der Regel eine weitere Dimension dazugenommen, die die Lösungswahrscheinlichkeit darstellt. Diese kann normativ oder empirisch festgesetzt werden (vgl. Klauer 2001, 403). Bei der Orientierung an einem Sachkriterium wird festgestellt, inwieweit ein Schüler resp. eine Schülerin eine vorgegebene Sachnorm erfüllt (Klassifikation in Könner oder Nichtkönner) resp. sich ihr annähert (lehrzielorientierte Messungen). Gut ist eine Leistung dann, wenn die Sachnorm erreicht wird, schlecht ist sie, wenn die Leistung das Sachkriterium deutlich verfehlt.

Vergleicht man Schülerinnen und Schüler unter sozialer Bezugsnormorientierung, ergibt sich in leistungsheterogenen Schulklassen ein relativ stabiles Leistungsbild. Zudem wird der gemeinsame Lernzuwachs aller unsichtbar. Bewertet man nach der sozialen Bezugsnorm, kann man Konstrukte wie »Intelligenz«, »Begabung«, »Anstrengungsbereitschaft« stabil halten. In der Schule wird in der Regel ein klassenbezogenes Bezugssystem gewählt, das unter verschiedenen Gesichtspunkten problematisch ist, einmal wegen der Abhängigkeit von der jeweiligen Klasse, wegen der mangelnden Vergleichbarkeit mit den Leistungen in anderen Klassen/Schulen/Ländern und wegen einer Orientierung an der Normalverteilung.

Vergleicht man unter individueller Bezugsnormorientierung, kann der Lernzuwachs aller Schülerinnen und Schüler verdeutlicht werden. Lehrer, die so werten, setzen Lernergebnisse eher in ein

Verhältnis zu Interesse und Güte des Unterrichts und weniger in ein Verhältnis zu Begabungskonzepten. Effekte dieser individuellen Bezugsnormorientierung können bei den Schülerinnen und Schülern geringere Furcht vor Misserfolg, weniger Prüfungsangst, realistischere Zielsetzungen und ein höheres Selbstkonzept sein (Rheinberg 2001, 58). Rheinberg plädiert für eine Kultur der Nutzung verschiedener Bezugsnormen, hat doch jede ihren spezifischen blinden Fleck.

Das hier vorgestellte Modell für Unterricht in heterogenen Lerngruppen, (vgl. Abb. 6, S. 80) stellt keine Vorentscheidung für spezielle Unterrichtsmethoden dar, sondern ist als Rahmenkonzeption auf mikrodidaktischer Ebene bei Anwendung aller gängigen Methoden realisierbar. Ein lehrergesteuerter Frontalunterricht kann sich dieser Konzeption genauso bedienen wie ein offeneres Arbeiten, z.B. mit Stationenlernen. Die jeweilige Methode erfährt dabei jedoch eine Veränderung. Wenn die Heterogenität von Schülerinnen und Schülern berücksichtigt werden soll, sind in der jeweiligen Methode für die zu beachtenden Schülermerkmale geeignete Varianten der Lernarrangements zu entwickeln.

Lernarrangements und Methoden

Wenn wir davon ausgehen, dass Lehrkräfte Lehr-Lernarrangements gestalten müssen, dann besteht ihre Aufgabe darin, basierend auf einer Lernstrukturanalyse und gestützt auf Basismodelle des Lernens, solche Unterrichtsmethoden zu wählen, die passend zum Inhalt und zum intendierten Lernprozess sind, den Unterricht dramaturgisch interessant zu gestalten und die notwendigen Interaktionen zu berücksichtigen. Passend zu den Basismodellen des Lernens (Kiper/Mischke 2004, 114ff.) zeigen wir, mit welchen Methoden dieses Lernen gestaltet werden kann. Wir lassen uns dabei von der Einsicht leiten, dass der Unterricht spannend und dramaturgisch vielfältig sein sollte.

Unterrichtsskripte

Im Kontext von Schulvergleichsstudien wurden Videostudien über den Unterricht in verschiedenen Staaten durchgeführt. Sie sollten Aufschluss über die Lern- und Unterrichtskultur eines Landes geben. Im Zusammenhang mit den Schulvergleichsstudien zur mathematischen Kompetenz ging es um die Frage, ob im Unterricht eine Standardmethode dominiert, ob z.B. in einem geradlinig angelegten Unterrichtsgespräch zielstrebig die »richtige« Problemlösung angesteuert wird oder ob alternative Lösungswege der Lernenden einbezogen werden, ob und inwiefern der Unterricht nur zur Einübung in Routinen und weniger zur Konsolidierung des Wissens und seiner flexiblen Anwendung führt, inwiefern die Übungs- und Anwendungsphasen fantasievoll und abwechslungsreich gestaltet sind, ob und inwiefern der Unterricht experimentell ausgerichtet, eine interaktive Einbindung der Lernenden festzustellen ist und

Schülerinnen und Schüler zu verstärkten Eigenaktivitäten aufgefordert werden, welche Sicherheit resp. welche Probleme Schülerinnen und Schüler bei der Bearbeitung von Aufgaben und Anwendung von Wissen in neuen Zusammenhängen haben.

Am Beispiel des Mathematikunterrichts wurde die spezifische Form des »fragend-entwickelnden Unterrichts, in dem anspruchsvolle und komplexe Problemstellungen in kurze Fragen und simple Aufgaben kleingearbeitet werden« offengelegt und kritisiert, wird doch so »die mentale Selbstständigkeit der Schüler eingeschränkt und ihre individuelle Konstruktion von vernetztem Wissen« (Baptist o.O., o.J., 56) behindert. Die Vielfalt der möglichen Lösungswege gerät bei diesem Unterricht aus dem Blick. Dagegen wird ein Unterricht favorisiert, der zunächst die Frage-, Problem- und Aufgabenstellung in den Horizont der Schülerinnen und Schüler rückt und dann darauf orientiert, dass diese sich selbstständig und ohne Hilfe mit dem Problem auseinander setzen und unterschiedliche Lösungswege gehen. Ein Unterrichtsgespräch erhält einen anderen Charakter, wenn es nach der Phase der eigenständigen Arbeit geführt wird. Hierbei werden dann Schülerinnen und Schüler und ihre Lehrkräfte zu Partnern.

Methoden, Methodologie und Unterrichtsmethoden

In der schulpädagogischen und didaktischen Methodendiskussion dominiert die Forderung nach »Methodenvielfalt«. Damit verbunden ist der Wunsch, Methoden als solche kennen zu lernen und etwas über ihre Leistungsfähigkeit und ihre Einsatzmöglichkeiten zu erfahren. Lehrkräfte sollen ein vielfältiges Methodenrepertoire ausbilden (vgl. Wiechmann 1999). Methoden – so scheint es – werden um ihrer selbst willen geschätzt; sie werden eingesetzt, um einen interessanten und abwechslungsreichen Unterricht anzubieten. Das Methodenrepertoire von Lehrerinnen und Lehrern ändert sich im Kontext veränderter Vorstellungen über Unterricht (vgl. Wiechmann 2004). Wir unterscheiden »Methoden« und »Unterrichtsmethoden«. Der Begriff der *Methode* bezieht sich auf wissenschaftliche Verfahren der Erkenntnisgewinnung (durch Experimente, durch hermeneutische Verfahren der Textauslegung, durch Ideologiekritik, durch empirische Forschung). Unter methodologischer Perspektive (als Metaperspektive) wird nach der Leistungsfähigkeit einer Methode im Erkenntnisprozess gefragt. Dagegen thematisieren *Unterrichtsmethoden* Schritte der Vermittlung von Wissen und Können durch eine Lehrkraft im Unterricht oder die (selbstständige) Aneignung von Wissen oder den Aufbau von Kompetenzen durch die Lernenden.

Unterrichtsmethoden aus didaktischer Sicht

In der Allgemeinen Didaktik finden sich verschiedene Sichtweisen. In einer Konzeption von Unterricht, die sich auf das didaktische Dreieck (Lehrer – Schüler – Lerngegenstand) bezieht, wird unter Methode die Art und Weise gefasst, mit der die Lehrkraft den Stoff den Lernenden vermittelt. Methode erscheint als Lehrkunst oder als *Lehr- oder Unterrichtsverfahren*. Die Artikulation des Unterrichts liefert ein Ordnungsgerüst für die Lehr- und Lernplanung in Schritten, die dem Denkprozess folgen sollen. In der Regel wird eine Stufenfolge von Vorbereitung – Darbietung – Verknüpfung – Zusammenfassung und Anwendung gewählt. »Das Bild, das dem methodischen Denken (...) zugrunde liegt, ist das einer Treppe: das geistige Fortschreiten des Schülers stellt sich als ein Hinaufschreiten von Stufe zu Stufe dar. Es wird so zu einem Hauptanliegen des methodischen Denkens, durch Analyse der geistigen Prozesse die Stufen dieses Hinaufschreitens zu erkennen und dementsprechend den Aufbau des Unterrichts zu planen« (Geißler 1994, 11).

Eine Kritik dieser Sicht reklamiert die Unterrichtsmethoden als *Lernverfahren*; sie sollen zum Eigentum des Schülers dadurch werden, dass er sie kennen lernt und selbstständig einsetzt. Hugo Gaudig (1860–1923) plädierte für die »Methode der freien geistigen Arbeit« in Anlehnung an hermeneutisch-analytische Verfahren in den Geisteswissenschaften. Der *Lerner* sollte methodisch richtig arbeiten lernen (Einschulung der Arbeitstechnik). Georg Kerschensteiner (1854–1932) entwickelte eine an den Naturwissenschaften oder dem Werken orientierte »produktive Arbeitsmethode«, die Schritte der Arbeits- und Ausführungsplanung, auf der Grundlage der Zergliederung des Denkprozesses umfasste. Kerschensteiner ging einen Schritt über die intellektuelle Bildung hinaus und plante die tatsächliche Ausführung einer Arbeit mit ihrem Zwang zur sachlichen Präzision und Genauigkeit durch die Lernenden. Beide Reformpädagogen schlugen (hierin den Herbartianern vergleichbar) ein stufenweises Vorgehen vor. Die Sicht des emanzipatorischen Charakters instrumenteller, verfahrenstechnischer Qualifikationen finden wir heute z.B. in den Überlegungen zum Methodentraining.

Waltraud Neuberts (1930) Konzept der »*Erlebnismethode*« hebt ab auf emotional bedeutsame Ereignisse. Die Methode folgt der inneren Gesetzmäßigkeit des Erlebnisablaufs und »unterscheidet die folgenden Stufen: Die Vorbereitung oder Einstimmung; die aus dem eigenen Erlebnis des Lehrers herauswachsende Darbietung; die Besinnung über das Erlebte; die Rationalisierung des Erlebnisses durch Gewinnung der in ihm angelegten Begriffe; die Gestaltung des Erlebnisses oder den ›Aufruf zur Tat‹. Dieser Stufengang will das vollständige Durchlaufen des seelischen Zusammenhangs sichern: vom bloßen Erleben aus über seine verstehende Erfassung zum Ausdruck oder zur Tat« (Geißler 1994, 16).

Nachdenken über die Methode zielt auf die Persönlichkeitsbildung. Wenn Persönlichkeitsbildung nicht nur als individuelle gefasst wird, sondern die dafür notwendigen Kommunikations- und Interaktionsprozesse mitgedacht werden, wird auf spezifische Arbeits- und Sozialformen abgehoben, z.B. auf Partnerarbeit oder Gruppenarbeit (Herausbildung von Teamfähigkeit).

Manfred Bönsch ordnet Unterrichtsmethoden den *Wegen der Erkenntnis* zu und unterscheidet »Vermittlungswege«, »Such- und Findewege«, »Kreativ- und Konstruktionswege« und »Speicher- und Verarbeitungswege«. Bei den *Vermittlungswegen* ist klar beschreibbares Wissen oder sind Fertigkeiten der Ausgangspunkt. Entweder wird ein Inhalt durch Vortragen, Vormachen, Vorführen oder Zeigen vermittelt oder die Lernenden erschließen sich einen Gegenstandsbereich eigenständig auf der Grundlage eines Lehrgangs oder Lernprogramms. Der Lernprozess ist abgeschlossen, wenn eine klar definierte Menge an Wissen, Fertigkeiten und Einsichten vorhanden ist. Die *Such- und Findewege* nehmen Phänomene oder Probleme zum Anlass, um durch forschendes, entdeckendes oder problemorientiertes Lernen Antworten auf Fragen oder Lösungen von Problemen und Phänomenen zu geben. Die *Kreativ- und Konstruktionswege* gehen von Ideen oder Fragen und/oder Materialien aus und unterstützen eigenständige Wege der Bearbeitung. Der Lernprozess ist abgeschlossen, wenn Ausschnitte der Welt reorganisiert oder wenn eigenständig Sach- oder Werkaufgaben bearbeitet wurden oder wenn man experimentierte. Die *Speicher- und Verarbeitungswege* zielen darauf, etwas Bekanntes zu lernen; es geht um Speichern, Erinnern und Wiedergeben, um Sichern, Üben, Anwenden und Verfügbar machen oder um Ausüben, Umsetzen und Verwenden. Das Ziel des Lernprozesses ist erreicht, wenn das Gelernte beherrscht wird und souverän eingesetzt werden kann (Bönsch 1997, 133).

Hans Glöckel (2003, 176ff.) unterscheidet *zwölf methodische Grundstrukturen von Unterrichtseinheiten* und bündelt sie wie folgt:

1. Einschulung von Fertigkeiten und isolierbaren Arbeitstechniken;
2. Lernen von Einzelkenntnissen, Informationen, Daten;
3. Erwerb von begrifflich geordnetem Wissen, Regeln, u.ä. in verständnisvoller Übernahme;
4. Lernen eines vorgegebenen Handlungsvollzuges, Erstellung eines eindeutig definierten Werkes;
5. Vermittlung von Erlebniseindrücken bzw. Betroffenheit, Förderung der Wertempfänglichkeit;
6. Einübung gedanklicher Vollzüge, »denkendes Üben«;
7. Gewinnung selbst vollzogener Einsichten, Problemlösungsverfahren u.ä. in produktivem Denken;
8. Erfassen von Sinngebungen, Interpretationen;
9. Auseinandersetzung mit konkurrierenden Sinndeutungen und Wertkonflikten;
10. Gestaltungsaufgabe mit offener Zielsetzung (»gestaltende Kreativität«);
11. Bewegliches Handeln im festgelegten Rahmen, Lernen im Spiel;
12. Bewältigung komplexer Handlungsprobleme, Vorhaben, Projekte.

Glöckel bezieht Unterrichtsmethoden auf Lernprozesse. Während Unterrichtsmethoden oftmals unter dem Gesichtspunkt des Lehrens oder Lernens in den Blick genommen werden (vgl. auch Aebli 2001), setzen einige Pädagogen darauf, die sachliche und soziale Umwelt eines Lernenden so zu gestalten, dass von ihr das Auslösen und Strukturieren von Lernprozessen induziert wird. Für diesen Ansatz stehen z.b. Célestin Freinet (1896–1966) und Maria Montessori (1870–1952). Es wird eine Umgebung geschaffen, die ohne direkte Einwirkung des Pädagogen den *Lernern* Gelegenheiten zur Entfaltung einräumt (vgl. Geißler 1994, 18; Haarmann 1994).

Basismodelle des Lernens und Unterrichtsmethoden

Wir halten es für sinnvoll, dass Unterrichtsmethoden mit Methoden der Erkenntnisgewinnung in einen Zusammenhang gebracht werden. Auswahl und Einsatz sollen unter wissenschaftlicher Perspektive erfolgen. Schülerinnen und Schüler sind durch den Erwerb von Methoden zu befähigen, selbst angemessene Wege und Verfahren zur Bearbeitung eines Problems, einer Frage, eines Konflikts auszuwählen, Schritte zur Lösung zu denken und die gewählten Methoden auf ihre Leistungsfähigkeit und Reichweite zu befragen. Ziel ist es auch, dass die Lernenden über ihren Weg der Erkenntnisgewinnung unter Einsatz jeweiliger Methoden Rechenschaft abgeben können. Sinnvoll ist in der Regel eine Kombination von Methoden. Wir schlagen daher vor, nicht der Illusion allgemeiner Unterrichtsmethoden nachzuhängen, sondern unter fachspezifischer Perspektive über Unterrichtsmethoden nachzudenken. Die Methode sollte selber zum Lernen motivieren und das Lernen stützen. Darüber hinaus ist sie – im Hinblick auf die anzustrebenden Standards und das angestrebte Lernniveau – hinreichend differenziert einzusetzen. Anknüpfend an unseren Überlegungen, dass es notwendig ist, in heterogenen Lerngruppen eine Lehrstrategie zu wählen, die eine zielführende Abfolge von Lernarrangements bedenkt, stellt sich die Frage nach den zu wählenden Methoden insofern, als geprüft werden muss, ob sie jeweils inhaltlich, sozial und dramaturgisch angemessen sind.

Unser Ziel ist es, auf der Grundlage des Nachdenkens über jeweils zu organisierende Lernprozesse und über Basismodelle des Lernens (vgl. Kiper/Mischke 2004, 114ff.) über mögliche Unterrichtsmethoden im Kontext geeigneter Lernarrangements nachzudenken. Dabei verstehen wir unter Lernarrangement den »je unterschiedlich strukturierten Zusammenhang von Problemstellung, Informationsbereitstellung, Medienangebot und Lernberatung« (Bönsch 1997, 145). Wir verdeutlichen, dass Unterrichtsmethoden mit unterschiedlichen Akzenten gewählt, geplant und, angeschmiegt an den jeweils zu organisierenden Lernprozess, eingesetzt werden müssen. Wir zeigen anhand der Basismodelle auf, dass jeweils viele verschiedene Methoden Konkretionen des gleichen Basismodells sein können. Methoden können aber auch so komplex sein, dass sie mehrere Basismodelle des Lernens enthalten. Es wird zunächst die Grundstruktur des Basismodells beschrieben; dann werden Methoden genannt, die eine Sichtstruktur des Modells sein können.

Erfahrungen machen

Erfahrungen können in Sacherfahrungen, Sozialerfahrungen, Selbsterfahrung (körperliche, emotionale und kognitive) unterschieden werden. Der bloße Kontakt mit einem Realitätsausschnitt liefert Erlebnisse, die erst durch Bearbeitung zu Erfahrungen werden. Das Lernen durch Erfahrungen beginnt mit der Reflexion der potenziell möglichen eigenen Aktivitäten und deren Kontextbedingungen. Dann sind Aktionen in geeignetem Kontext auszuführen. Die Bedeutungen der mit der Aktivität verknüpften Erlebnisse sind durch sozialen Austausch in Form von Berichten über diese Erlebnisse zu entfalten. Auf der Grundlage einer Analyse der gemeinsamen Elemente unterschiedlicher subjektiver Wahrnehmungen wird nach Generalisierungsmöglichkeiten gesucht. Abschließend kann die Reflexion ähnlicher Erfahrungen in den Geschichten anderer oder in Texten erfolgen. Die Unterrichtsmethoden sind unter dem Gesichtspunkt zu durchdenken, wie in ihnen tatsächlich Erfahrungslernen möglich wird. Eine Vielzahl von Unterrichtsmethoden kann zum Erwerben von Erfahrungen gewählt werden.

Bei der *Realbegegnung* (innerhalb oder außerhalb des Klassenzimmers) steht die Begegnung mit einem Gegenstand, einem Tier oder einem Menschen im Mittelpunkt. Dabei sind Aktivitäten, die eine Realbegegnung ermöglichen, zu planen, vorzubereiten, durchzuführen und auszuwerten. Eine *Realbegegnung* (z.b. Besuch einer Landtagssitzung, eines Altersheims, eines Betriebs) kann Erfahrungen vermitteln, die das Wissen aus anderen Quellen ergänzen und erweitern.

In einem *Praktikum* können Erfahrungen mit einem veränderten Tagesablauf, dem Weg zur Praktikumsstelle, Übernahme neuer Rollen, Ausführen neuer Tätigkeiten, Umgang mit anderen Personen und Feedback durch diese gesammelt werden. Die Vorbereitung eines Praktikums sollte unter Reflexion auf mögliche Erfahrungen in verschiedenen Teilbereichen zielen. Anleitungen zur Beobachtung von Sachverhalten, anderer Personen und der Interaktion mit ihnen, und der eigenen Befindlichkeit, auch durch das schriftliche Festhalten dieser Beobachtungen, helfen bei ihrer Auswertung unter verschiedenen Gesichtspunkten.

Erfahrungen können auch durch Verfahren der *Meditation*, der *Fantasiereise*, des *Tanzes* und der *Körperarbeit* vermittelt werden. Hier geht es weniger um das Aneignen und Verarbeiten von Informationen auf einer kognitiven Ebene, sondern um das Vermitteln emotionaler und intuitiver Zugänge zur Wirklichkeit.

Im *Spiel* kann durch das Herauslösen aus der gewohnten Wirklichkeit, aus bestehenden Beziehungen und durch das Übernehmen von Rollen in dramaturgisch zu gestaltenden Situationen, Erfahrungen mit eigenen Befindlichkeiten, Handlungsmöglichkeiten und Handlungskonflikten, gemacht werden. Auch hier können die Erfahrungen unter verschiedenen Perspektiven erörtert, in ihrer Gegensätzlichkeit zu bisher erlebten diskutiert und ausgewertet werden.

Da wir davon ausgehen können, dass eine Vielzahl von Erfahrungen beiläufig gemacht werden, kann es sinnvoll sein, sie durch gezielte Reflexionen bewusst zu machen.

Wissen erwerben

Zum Wissenserwerb gehört – basierend auf dem jeweiligen Vorwissen und abhängig von der Schulstufe und Schulklasse – das Erfassen der Bedeutung von Wörtern, Sätzen und Aussagen (in Texten, Bildern, Karikaturen, Hörsendungen, Filmen, Internet). Dazu gehört weiter, einen Begriff oder ein Netzwerk von Bezügen zu bilden. Hier wird angenommen, dass es nicht nur um eine Benennung geht, sondern um die Bildung einer Klasse von Objekten. Hier sind die Vorkenntnisse zu aktivieren. Anhand der Vorstellung eines Prototyps der Objektklasse ist der Begriff anzubahnen; durch die Analyse der kritischen Attribute und durch die Abgrenzung gegenüber Objekten, die nicht dazugehören, wird der Begriff erarbeitet. Durcharbeiten des Begriffs im Sinne von Anwendung, Analyse und Syntheseaufgaben festigt die Begriffsbildung. Die Anwendung in erweiterten Kontexten unter Hinzuziehen unterschiedlicher, aber ähnlicher Konzepte erweitert das Wissenssystem. Zum Wissenserwerb gehört das Erfassen eines Sachverhalts oder Vorgangs und seine Repräsentation in einem mentalen Modell. Hierbei geht es einerseits um die Entwicklung von komplexeren begrifflichen Zusammenhängen, andererseits um die explizite Verknüpfung mit Vorstellungsbildern oder Ablaufschemata. Zunächst ist ein Überblick über das Gesamtgeschehen zu gewinnen. Relevante Teile sind analytisch abzugrenzen und in ihrer Rolle im Gefüge des Ganzen zu bestimmen. Für die jeweiligen Teile gilt ein Vorgehen analog zur Begriffsbildung. Wird der Aufbau von Vorstellungsbildern angestrebt, ist – von der Beschreibung des Vorgangs ausgehend – die Bildung von Modellen anzuregen und durch visuelle Darstellung zu unterstützen. Der Durchlauf durch das gesamte Wissensgefüge mit unterschiedlichem Auflösungsgrad – mal nur die Verkettung der Elemente, mal einzelne Elemente in unterschiedlich feiner Durchstrukturierung – sorgt für ein flexibel einsetzbares Wissenssystem.

Es ist sinnvoll, gezielt an Lernvoraussetzungen der Schülerinnen und Schüler anzuknüpfen. Methoden zur *Vergegenwärtigung des Vorwissens* können darin bestehen, durch einen stummen Impuls zum Sprechen aufzufordern, eine Kenntnisfrage zu stellen, zu einem Thema Wissen zusammenzutragen (evtl. auch durch eine Kartenabfrage) oder eine individuelle Mind-Map zu einem Thema anfertigen zu lassen. Bei der Mind-Map stellt man ein Thema, einen Begriff, ein Problem ins Zentrum, legt verschiedene Stränge (Hauptstränge und Nebenstränge) an und assoziiert dann dazu passend. Das Ziel besteht darin, zu einer Frage, zu einem Problem, zu einem Thema die Sicht der *Lernerinnen* und *Lerner* durch freie Gedankenäußerung einzuholen und auf dieser Grundlage eine erste Zusammenfassung des vorhandenen Wissens und der bestehenden Unklarheiten, Fragen, widersprüchlichen Annahmen und Aussagen vorzunehmen, von denen ausgehend weitergelernt werden kann. In einem zweiten Schritt geht es darum, dass Schülerinnen und Schüler neues Wissen aufnehmen. Entweder werden sie aufgefordert, eigenständig Informationen zu recherchieren (durch Recherche im Internet, Besuch der Bibliothek, Befragungen) oder die Lehrkraft stellt – über Texte, Bilder, Hörspiele und Filme oder durch mündlich gegebene Informationen (Lehrervortrag, Schülervortrag, Einladung von Expertinnen oder Experten) diese Informationen bereit. Um *selbstständig Informationen zu beschaffen*, muss der Lernende wissen, wie er an Informationen kommt. Er muss Wissen haben über Wege der Internet-Recherche oder der Benutzung einer Bibliothek. Dabei ist ein konzeptionelles Wissen insofern erforderlich, als der *Lerner* eine Idee haben muss, worum es bei der Bearbeitung eines Themas geht. Nur dann kann eine präzise Fragestellung die Suche nach Informationen und die Auswahl aus der Menge an Informationen anleiten. Der *Lerner* benötigt Kriterien, welche Informationen potenziell nützlich sind. Anschließend geht es um Verfahren der Aufbereitung der Informationen; erforderlich ist Lesekompetenz (Informationen unter ausgewählten Schwerpunkten entnehmen, Interpretieren, Reflektieren und Bewerten).

Oftmals stellt die Lehrkraft die wichtigen Informationen auch durch einen Lehrervortrag oder durch Texte (im Sinne von Quellentexten, Informationstexten, Bildern, Schaubildern, Karikaturen) bereit. Beim *Lehrervortrag* geht es um die angemessene mündliche, oftmals durch Visualisierungen gestützte, gut strukturierte Darstellung eines fachlichen Zusammenhangs. Neben der fachlichen Richtigkeit, der didaktischen Angemessenheit sind Fragen der Darstellung (Wecken von Aufmerksamkeit, Aufforderung zur Konzentration, präzise Wortwahl, angemessene Lautstärke, nicht zu schnelle Sprechgeschwindigkeit, Abschluss mit Frage, Rätsel oder Impuls) nicht zu vernachlässigen. Vorträge können auch von Experten gehalten werden.

Stellt die Lehrkraft *Texte und Arbeitsmaterialien* bereit, so sind die Schülerinnen und Schüler zu einer angemessenen Auseinandersetzung mit Texten anzuleiten. Dabei reicht es nicht, Texte und Schaubilder oder Diagramme einfach zu lesen und zu exzerpieren. Texte werden in der Regel unter einer fachlich bestimmten Perspektive erschlossen. Sie werden auf wichtige Informationen hin befragt. Sollen sie nicht nur als Grundlage für die oberflächliche Aneignung von Begriffen und Aussagen verwandt werden, sind verschiedene Sinnschichten durch Analyse und hermeneutische Verfahren der Textauslegung zu erschließen. Wenn Texte nicht nur rezipiert, sondern über sie zu neuen Erkenntnissen gelangt werden soll, sind reflektierende Auseinandersetzungen und Bewertungen auf der Grundlage des Einbringens von Vergleichshorizonten erforderlich. Informationen können auch aus anderen Quellen wie Fotos und Bildern, Hörspielen und Filmen entnommen werden. Ebenso, wie Lesekompetenz in verschiedenen Domänen gezielt aufzubauen ist, sind Verfahren der Bild-, Foto-, Hörspiel und Filmanalyse zu vermitteln. Eine Bildanalyse unter dem Gesichtspunkt der Informationsentnahme fragt danach, was zu sehen ist, worin die Bild- oder Filmaussage besteht und inwiefern sie eindeutig oder mehrdeutig ist. Bilder, Hörspiele oder Filme werden unter je ausgewählten Perspektiven befragt.

Die *Expertenbefragung* zielt auf die Aneignung von Sachwissen. Wenn Experten nicht einfach nur einen Vortrag halten, sondern wenn ihre Erfahrungen gezielt zur Sprache gebracht werden sollen, ist es sinnvoll, ihre Befragung vorzubereiten. Es sind Fragen zusammenzutragen, zu strukturieren und in eine Reihenfolge zu bringen, um sie den Experten vorzulegen. Die Expertenbefragung kann innerhalb oder außerhalb des Klassenraums erfolgen. Auf jeden Fall ist der genaue Ablauf festzulegen und zu gestalten. Nach der Expertenbefragung sind die neuen Informationen zu diskutieren und in geeigneter Weise aufzubereiten.

Ein *Interview* kann unter dem Gesichtspunkt der Aneignung von Informationen aus Expertensicht durchgeführt werden. Es kann aber auch darauf zielen, etwas über die Lebensweise ausgewählter Menschen (Landwirte, Handwerker, Industriearbeiter) zu erfahren oder ihre Sichtweisen kennen zu lernen. Auch hier ist eine Vorbereitung durch eine erste Beschäftigung mit einem Sachverhalt, das Zusammenstellen von Fragen, die Durchführung des Interviews und seine Auswertung zu bedenken.

Die *Besichtigung* dient der Informationsbeschaffung an außerschulischen Lernorten (z.B. Museen, Ausstellungen, Fabriken, Werkstätten). Oftmals wird dabei die geronnene Information einer Institution entgegengenommen und mit eigenen Beobachtungen und Eindrücken kontrastiert. In der Regel wird die Besichtigung dadurch vorbereitet, dass Arbeitsaufträge für die Arbeit vor Ort gemeinsam oder durch die Lehrkraft vorbereitet werden. Manchmal werden Besichtigungen mit Vorträgen durch Experten oder durch die Lehrkraft selbst verknüpft. Hier können Beobachtungen und Eindrücke festgehalten werden.

Die *Erkundung* dient der Untersuchung einer Frage, eines Problems, eines Sachverhalts an einem Lernort außerhalb der Schule (z.B. Bildungseinrichtung, Naturschutzgebiet, Arbeitsplatz). Hier werden Beobachtungen, Befragungen und Expertengespräche kombiniert. Die Erkundung wird durch ein Zusammenstellen gezielter Beobachtungsaufgaben vorbereitet und unter verschiedenen Perspektiven ausgewertet.

Fälle sind Ereignisse, in denen fremde Personen handeln, Probleme lösen und Konflikte austragen. Sie stehen exemplarisch für Handeln im Kontext bestimmter Strukturen, die dadurch begreifbar werden. Durch eine *Fallanalyse* kann zunächst ein Fall von außen erhellt werden, indem die beteiligten Personen, die Situation und deren Ursachen, die Ziele der Personen und die Handlungsweisen erfasst werden. Die Fallanalyse kann dazu führen, eine Situation – durch Verstehen und evtl. Spielen – nachzuerleben und in ihrer emotionalen Bedeutung zu erfassen. Bei der *Fallstudie* wird ein Fall ausgehend von Leitfragen erschlossen; der Fall wird analysiert, beurteilt und bewertet. Es geht, auf der Grundlage des Erfassens des eingeschriebenen Problems und wichtiger Informationen über das Entwickeln, Bewerten und Reflektieren von Handlungsalternativen, auch darum, angemessene Entscheidungen zu treffen. Ein Aspekt dabei ist das Erheben und Bewerten von Informationen.

Reflexion/Kontemplation über Inhalte und über Werte

Hier sind die konkreten Erlebnisse zu aktivieren und in ihrer Bedeutung zu erkennen. Dazu ist nötig, die subjektiv unterschiedlichen Interpretationen der Erlebnisse als abhängig von Bezugssystemen (biografischen Erfahrungen oder unterschiedlichen Ordnungs- oder Wertsystemen) zu verstehen. Hilfreich ist der Perspektivenwechsel, um die Veränderbarkeit der Bedeutung bei Anwendung eines anderen Bezugssystems erfahrbar werden zu lassen. Die abschließenden Überlegungen sollten die persönliche Bedeutung trotz des Wissens um die potenzielle Perspektivität der Interpretationen thematisieren. Bei der Reflexion über Inhalte und Sachverhalte, Themen und Probleme kommt es darauf an, geeignete Sachmaßstäbe zu haben. Bei der Reflexion über Handlungen geht es darum, sie auf ihre sachliche und ethische Angemessenheit zu befragen. Beim Nachdenken über Werte sind eigene Wertmaßstäbe zu explizieren und anzuwenden. In jedem Fall basiert die Reflexion über Inhalte und Werte auf einer intensiven Auseinandersetzung auf der Grundlage von Bezugssystemen, die dargelegt und begründet werden und zu einer jeweiligen Positionierung herausfordern. Der Erarbeitung von Maßstäben ist Aufmerksamkeit zu widmen. Entweder geht es um das Erkennen von richtig/falsch bezogen auf Sachverhalte und die Bewertung von Lösungen, Meinungen, Positionen oder es geht um das Anwenden von Normen und Werten beim Nachdenken über Entscheidungen, Lösungen und Handlungsformen in Anwendung der Unterscheidung ethisch angemessen/unangemessen. Als Verfahren eignet sich die Explikation unterschiedlicher fachlicher und ethischer Maßstäbe bei der Beurteilung. Eine solche Reflexion wird durch verschiedene Methoden befördert.

Reflexion von Werten wird in der Moralerziehung eingesetzt. Es wird versucht, über Werte ins Gespräch zu kommen, z.B. durch Wertklärung, Wertanalyse oder Wertentwicklung (vgl. Oser 2001).

Die Methode der *Dilemma-Diskussion* basiert auf der Explikation eigener Werte und auf der Verwicklung in einen kognitiven Konflikt. Anhand von Geschichten wird gezeigt, dass Menschen in Wertekonflikte geraten. Unter konkurrierenden Werten muss eine begründete Prioritätensetzung erfolgen, die eigene Entscheidungen fundieren und begründbar machen (vgl. Oser 2001).

Lesen kann das Reflektieren und Bewerten von Texten unter ausgewählten Gesichtspunkten umfassen. Auf der Grundlage von Text- oder Bildanalyse sind durch Anwendung ideologiekritischer Verfahren oder durch Kontrastierung verschiedener Perspektiven auf einen Text, ein Bild, einen Film, eigene Maßstäbe zu explizieren, um differenziert über Texte, Bilder und Filme zu reflektieren.

Der *Expertenbefragung, Besichtigung* und *Erkundung, Fallanalyse* oder *Fallstudie* ist eine Phase der Reflexion über das Gehörte, das Gesehene, das Gesprochene, das Recherchierte eingeschrieben. Dazu sind Maßstäbe für richtig/falsch, angemessen/unangemessen, legitim/illegitim heranzuziehen, zu begründen, um auf dieser Grundlage zu einer Aussage zu kommen.

Die Auswertung einer *Podiumsdiskussion* kann so durchgeführt werden, dass die unterschiedlichen Positionen zu einem Sachverhalt oder einer Streitfrage von je unterschiedlichen Experten und ihren fachlich differenzierten und moralisch unterschiedlichen Sichtweisen expliziert werden. In einer Phase der Auswertung kann die Reflexion der sachlichen und ethischen Argumente vorgenommen und eine eigene Position bezogen werden.

In der *Pro- und Contra-Debatte* werden unterschiedliche Positionen zu einer Fragestellung, einem Problem, einem Sachverhalt herausgearbeitet. Die Fragestellungen sind dabei so anzulegen, dass tatsächliche Ja-Nein-Antworten möglich werden. Im Mittelpunkt stehen die sachlichen und ethischen Begründungsargumente für eine Position. Die Debatte ist auf Urteilsbildung angelegt. Sie verhilft dazu, unterschiedliche Positionen herauszuarbeiten, sich begründet eine eigene Meinung zu bilden und ein eigenes Urteil zu fällen. Die Debatte endet in der Regel mit einer Abstimmung der Zuhörenden. Angemessen eingesetzt, kann sie die Reflexionsfähigkeit als Grundlage eigener Urteile erhöhen.

Beim *Streitgespräch* werden zu einem ausgewählten Thema je unterschiedliche Positionen bezogen. Dabei werden die Unterscheidungen, die kontroversen und trennenden Sichtweisen – durch Explikation sachlicher Argumente zum Thema und seiner Bedeutung – herausgearbeitet. Sachargumente und Beurteilungsmaßstäbe sind zu artikulieren, um den Meinungs- und Wertekonflikt zu verdeutlichen. Wenn eine Vielzahl von Perspektiven eingebracht wird, kann es eine gute Grundlage für die Vorbereitung eigenständiger Reflexionen über Inhalte und Werte werden.

Das *Entscheidungsspiel*, als einfachere Variante des Planspiels, hat eine Situation zum Inhalt, die zu einer Entscheidung herausfordert. Grundlage der Reflexion ist das Verstehen einer Situation auf der Basis von Informationen und einer Situationsanalyse, das Erkennen von möglichen Entscheidungsalternativen und die in sie eingehende Rationalität und Werte. Die Entscheidung kann unter zwei Gesichtspunkten reflektiert werden, nämlich unter dem Gesichtspunkt ihrer substanziellen Rationalität (Überprüfung von Sachangemessenheit und Wertebasis) und unter formaler Perspektive unter Reflexion der Phasen des Entscheidungsprozesses und der Parteien, die sich in der Entscheidung und auf welche Weise durchsetzten.

Handeln in der äußeren Welt und mental (eine Operation ausführen)

Da Handeln definitionsgemäß mit kontrollierter zielführender Aktion zu tun hat, sind folgende Schritte konstitutiv:

1. Klärung der situativen Gegebenheiten;
2. Formulierung alternativer Ziele und Auswahl;
3. Generierung alternativer Handlungspläne;
4. Auswahl eines geeigneten Plans;
5. Ausführung mit Ausführungskontrolle;
6. Evaluation der Handlungsergebnisse und Reflexion des Prozesses.

Beim Aufbau einer Operation als einer inneren Handlung ist eine Schrittfolge der Verinnerlichung zu organisieren. Ausgehend von einer zunächst äußeren Handlung in der Welt oder an Modellen bis zur stummen inneren Handlung an einer mentalen Repräsentation ist ein Übergang durchzuführen; die Zahl der dazu notwendigen Teilschritte kann individuell stark variieren.

Um Handeln aufzubauen, können verschiedene Methoden eingesetzt werden wie Vormachen und Nachmachen bei physischen Handlungen, Bewegungshandeln oder Schaffen von Werken. Andere Methoden zielen darauf, eine Einsicht in die im Handlungsablauf enthaltenen Vorgänge zu vermitteln mit dem Ziel, die Handlungsschritte planen und ausführen zu können. Handlungen können auf Herstellungsprozesse oder Bewegungsfolgen zielen.

Einfache Methoden bestehen im *Erklären, Vormachen* und evtl. *Korrigieren* durch die Lehrkraft und im Zuhören, Zuschauen, Nachmachen und Üben durch die *Lernerin* oder den *Lerner*. Einfache Handlungsabläufe (wie Kartoffelschälen oder Putzen, Tanzen) können so gelernt werden.

Ein anderer Ansatz zielt auf den Aufbau von Handlungskompetenz durch selbstständiges Informieren, Planen, Durchführen und Kontrollieren, z.B. angeleitet durch die *Leittextmethode* (vgl. Bundesinstitut für Berufsbildung 1991). Hier wird darauf Wert gelegt, die für die Bearbeitung einer Aufgabe notwendigen Voraussetzungen und Schritte mit bedenken zu lernen. Ziel dabei ist es, ein inneres Modell des Handlungsablaufs zu erwerben.

Herstellungsprozesse beinhalten eine Vielfalt von Handlungen. Sie können bewusst durchdacht und angelegt und nach der Durchführung reflektiert werden. Beim *Vorhaben* oder *Projekt* stellen sich die Lernenden eine Aufgabe, die gemeinsam bearbeitet und gelöst werden soll. In der Regel sind dabei die Planung und Durchführung einer oder mehrerer Handlungen Bestandteil des Projekts. Eine wichtige Bedeutung kommt der *rückschauenden Analyse* des Vorgehens zu.

Bei *Erkundungen* oder *Besichtigungen* kann Wert darauf gelegt werden, die in der Welt materialisierten Handlungsabläufe, z.B. in Verfahren der Bearbeitung von Produkten, der Fertigung, der Fließbandproduktion, der Produktion mithilfe von Robotern und die darin materialisierten Handlungsabläufe zu rekonstruieren. Beobachtungen und Befragungen können dazu dienen, ein genaueres

Verständnis des Handlungsablaufs zu erarbeiten. Ebenso ist es möglich, die den technischen Abläufen eingeschriebenen Funktionsweisen zu rekonstruieren.

Wenn wir Operationen als abstrakte Handlungen verstehen, die aufgebaut, verinnerlicht und automatisiert werden müssen und die in abstrakten Medien (Schrift, Bild, Zahlen) erfolgen, so gilt es zunächst, mit Materialien zu operieren (das Legen von Mengen mit Plättchen, das Erlesen von Wörtern anhand von Buchstaben). Es geht nach dem Ausführen der Operationen um ihr Durcharbeiten und Durchdenken, um das Automatisieren durch vielfältiges Anwenden und Üben. Höhere Formen des Operierens setzen voraus, dass vielfältige Verknüpfungen praktiziert und Beziehungen zwischen vorgestellten Objekten, situativen Gegebenheiten und Handlungen hergestellt werden. Planungsprozesse setzen Operationen voraus, üben aber auch das flüssige und komplexe Operieren ein. Viele Methoden enthalten die Planung und Durchführung von Handlungen, z.B. das Rollenspiel, das Planspiel, das Vorhaben oder Projekt oder die Zukunftswerkstatt.

Das *Planspiel* dient der Simulation einer Problem- bzw. Konfliktsituation und ihrer Bearbeitung. Das Erfassen von Informationen aus der Perspektive verschiedener gesellschaftlicher Gruppen, das Bearbeiten von politischen und wirtschaftlichen Konflikten, das Nachdenken über Handlungsmöglichkeiten in komplexen Situationen sind ebenso Bestandteil wie Formen der Abstimmung von Interessen durch Diskurse. Es geht um das Beschaffen und Auswerten von Informationen, um Strategieplanung, Verhandlung und Entscheidungsfindung. Dabei wird ein (theoretisches) Modell über eine Problem- oder eine Konfliktsituation entwickelt, gesellschaftliche Interessengruppen identifiziert, Verfahren des Konfliktaustragens resp. der Konfliktlösung erörtert und Problemlösungen geplant. Auf der Grundlage einer Festlegung der Ausgangssituation resp. des gesellschaftlichen Konfliktes und der am Konflikt beteiligten Gruppen und ihrer Rollen wird eine Problemskizze formuliert und Rollenkarten einschließlich Rollenanweisungen für die Gruppen verfasst; die Spielgruppen erhalten Materialien und die Skizze einer Ablaufstruktur des Planspiels. Das Planspiel selbst verläuft in folgenden Phasen: Instruktionsphase – Informationsphase – Strategiebildungsphase – Interaktionsphase – Optimierungsphase – Disputationsphase – Reflexionsphase. In der Strategiebildungsphase und in der Interaktionsphase spielt das Handeln eine wichtige Rolle.

Problemlösen und Entdecken

Unter Problemen verstehen wir Aufgaben, für die Lernende keine Lösungsroutinen haben. Sie können sich daraus ergeben, dass die Bilder der Wirklichkeit Lücken enthalten, dass sich Aussagen über die Wirklichkeit und Handlungspläne widersprechen oder dass die Sicht der Wirklichkeit und Handlungspläne unnötig kompliziert sind (vgl. Aebli 2001). Beim Lernen durch Problemlösen geht es um den Wissensaufbau durch aktive Generierung und Nutzung der verfügbaren Informationen. Dabei sollen sowohl neue Erkenntnisse über die Welt (deklaratives Wissen) gewonnen, als auch das Operieren und das Verwenden von Verfahren, Methoden und Heuristiken erworben werden. Empfohlen wird eine Schrittfolge, die schleifenförmig zurückspringend abgearbeitet wird, bis die endgültige Lösung erreicht wird:

- Vorgabe oder eigenständige Definition eines Problems;
- Analyse der Gegebenheiten;
- Analyse der Ziele;
- Entwicklung von Handlungsplänen (zur Informationsbeschaffung oder zur Lösung);
- Anwendung der Pläne;
- Beobachtung und Evaluation der erzielten Ergebnisse;
- Reflexion der Prozesse.

Diese Prozesse können von der Lehrperson durch Monitoring überwacht und, wenn angezeigt, durch Hilfestellung unterstützt werden. Wichtig ist, prozessbezogen und nicht durch Vorgabe von Lösungsteilen zu helfen.

Wenn es beim Problemlösen um die aktive Generierung und Nutzung verfügbarer Informationen und Strategien geht, sind durch den Unterricht Such- und Finde-Strategien zu eröffnen. Verschiedene Methoden enthalten für das Problemlösen förderliche Momente.

Kreative Verfahren wie Malen, kreatives Schreiben, Anfertigen von Mind-Maps zielen darauf, unterschiedliche Wissensbestände für die Problemlösung aus ihrem bisherigen Kontext zu lösen und für die Problembearbeitung verfügbar zu machen bzw. sie neu zu strukturieren. Ähnliche Überlegungen gehen in die Methode der *Zukunftswerkstatt* ein, bei der in der Fantasiephase Fantasien, Visionen und Träume artikuliert werden sollen, um einer Schwierigkeit einen ideal gedachten Zustand gegenüberzustellen.

In *genetisch-sokratisch angelegten Gesprächsverfahren* wird darauf gesetzt, *Lernerinnen* und *Lerner* zum Durchdenken eines Problems anzuleiten. *Fragend-entwickelnde Unterrichtsverfahren* können den Versuch darstellen, *Lernende* an eine Problemstellung heranzuführen, das Problem zu strukturieren, eine Lösung zu suchen, die Lösung zu überprüfen und sie dauerhaft bereitzustellen.

Ebenfalls können im Unterricht beispielhafte *Musterlösungen* zu ausgewählten Aufgabenstellungen vorgegeben, dann nachvollzogen und auf andere Problemstellungen übertragen werden.

Beim *Experimentieren* geht es um die Konfrontation mit einem Phänomen oder Problem, um das Herausarbeiten von Fragestellungen, um die Formulierung von Vermutungen über den möglichen Ablauf eines Ereignisses oder über Zusammenhänge zwischen verschiedenen Wirkungsfaktoren, die in Hypothesen gebündelt werden, um die Modellierung eines geeigneten Versuchsaufbaus und die Überprüfung der Vermutungen mithilfe eines Experiments und seiner Auswertung; die entwickelten Hypothesen sind zu verwerfen oder zu bestätigen. Die Reichweite der Aussagen auf der Grundlage des durchgeführten Experiments ist zu überprüfen.

Diese Basismodelle sind als Grundbausteine mittlerer Abstraktion bei der Lernstrukturanalyse zu nutzen. Mit feinerem Auflösungsgrad (also mit der Lupe betrachtet) können noch Detailprobleme des Lernens bedacht werden, zum Beispiel Lernen unter der Bedingung geringer Größe des Arbeitsspeichers (vgl. auch Wellenreuther 2004, 86ff.), um dann dafür geeignete Methoden zu verwenden. Wir gehen darauf im Kapitel über Förderung ein.

Schulisch relevante Formen des Diagnostizierens

Auf der Grundlage einer Klärung des Begriffs (pädagogische) Diagnostik beschreiben wir diese als einen Such- und Problemlöseprozess, gehen auf Zusammenhänge und Unterschiede von Diagnose und Prognose ein, zeigen die jeweils einer Diagnose zugrunde liegenden Modellvorstellungen, unterscheiden Persönlichkeitsdiagnostik von einer Erfassung von Umweltbedingungen, gehen auf Arbeitsschritte beim Diagnostizieren und Verfahren der Datengewinnung ein. Anschließend setzen wir uns mit der diagnostischen Kompetenz von Lehrkräften auseinander.

Diagnostik in der Schule

Mit *Diagnose* bezeichnen wir mit Eduard W. Kleber »eine Bewertung aufgrund präziser, begründeter Fragestellung mithilfe kontrollierter und theoriegeleiteter Datenerhebung und im günstigsten Fall einer argumentativen Urteilsbildung unter Experten. Diagnose bedarf der Kenntnis eines Standardzustandes oder eines Normalverhaltens, das Erkennen bestimmter Normabweichungen und der systematisierenden Synthese zu klaren Zustandsbildern« (Kleber 1996, 105).

Lehrerinnen und Lehrer praktizieren vielfach implizite Formen des Diagnostizierens, wenn sie vor dem Unterricht die Lernvoraussetzungen von Schülerinnen und Schülern feststellen und diese bei der Planung des Unterrichts berücksichtigen. Auch im Unterricht wird nach einer Passung zwischen den Kenntnissen der Schülerinnen und Schüler und der Instruktion gesucht. Im Prozess des Unterrichtens kommt es zu Zustands-, Veränderungs- und Diskrepanzdiagnosen, die sich auf das Schülerverhalten, den Unterrichts-

verlauf und das Handeln der Lehrkraft beziehen. Von diesen im Alltag vorgenommenen Diagnosen unterscheiden wir die pädagogische Diagnostik durch qualitätssichernde Forderungen. Sie

> *»soll sowohl individuelles Lernen optimieren als auch im gesell-
> schaftlichen Interesse Lernergebnisse feststellen und den Übergang
> in verschiedene Lerngruppen, Kurse oder Bildungswege nach vor-
> gegebenen Kriterien verbessern. Zur Erreichung dieser Ziele wer-
> den diagnostische Tätigkeiten ausgeübt, mit deren Hilfe bei Indi-
> viduen und den in einer Gruppe Lernenden Voraussetzungen und
> Bedingungen planmäßiger Lehr- und Lernprozesse ermittelt,
> Lernprozesse analysiert und Lernergebnisse festgestellt werden.
> Unter diagnostischer Tätigkeit wird dabei ein Vorgehen verstan-
> den, in dem (mit oder ohne diagnostische Instrumente) unter Be-
> achtung wissenschaftlicher Gütekriterien beobachtet und befragt
> wird, die Beobachtungs- und Befragungsergebnisse interpretiert
> und mitgeteilt werden, um ein Verhalten zu beschreiben und/oder
> die Gründe für dieses Verhalten zu erläutern und/oder künftiges
> Verhalten vorherzusagen«* (Ingenkamp 1995, 11).

Dabei kann die Diagnostik zur Erteilung von Qualifikationen (z.B.
bei Übergangs- oder Zulassungsentscheidungen) von einer Diagnostik zur Verbesserung des Lernens unterschieden werden. Unter
Statusdiagnostik werden die diagnostischen Verfahren verstanden,
die dabei helfen, einen aktuell gegebenen Zustand der Person (Sta-
tus) zu erfassen. Die Erfassung ist ein einmaliger Vorgang. Bei der
Prozessdiagnostik werden Verläufe erfasst. Mehrmalige Messun-
gen/Beobachtungen werden dabei eingesetzt. Bei der *normorientier-
ten Diagnostik* orientiert sich die Interpretation von Daten an der
statistischen Norm (z.B. beim Intelligenztest wird die Abweichung
vom statistischen Mittelwert diagnostisch verwertet). Bei der *kriterienorientierten Diagnostik* wird das Erreichen eines Kriteriums
gemessen (z.B. Fähigkeit zum Führen eines Kraftfahrzeugs bei der
Fahrprüfung).
　　Diagnostizieren ist oft Teil eines *Such- und Problemlöseprozesses,*
bei dem es darum geht, von einem gegebenen Ist-Zustand ausgehend, ein Bedingungs- und Entwicklungsmodell zu entwerfen, das
es erlaubt, den Ist-Zustand in einen Soll-Zustand zu überführen.

Dazu sind Zielkriterien zu nennen, personenbezogene Einflussfaktoren und Merkmale der Umwelt zu erfassen. Wild/Krapp (2001) unterscheiden eine *Modifikations-* von einer *Selektionsstrategie*. Bei der Modifikationsstrategie stellt man eine für die Belange einer Person geeignete Umwelt her, z.b. durch das Angebot von Lernhilfen oder Beratung. Bei der Selektionsstrategie wird eine Person für eine geeignete Lernumwelt ausgewählt, z.b. bei Zuweisungen von Schülerinnen und Schülern zu besonderen Bildungsgängen. Diagnostik klärt dann, ob hypothetisch angenommene Ausgangslagen tatsächlich gegeben sind und/oder ob angestrebte Ziele erreicht wurden.

Diagnose und Prognose

Diagnostik ist oftmals mit dem Abgeben von *Prognosen* darüber, wie sich eine bestimmte Person oder Personengruppen unter bestimmten Rahmenbedingungen in der Zukunft entwickeln wird, verknüpft. Lehrkräfte müssen sich fragen, wie sich eine Person oder eine Personengruppe zukünftig entwickeln wird. Dazu schätzen sie die individuelle Ausgangslage ein, berücksichtigen relevante Umweltbedingungen und denken über das besondere Zusammenspiel nach. Auf dieser Grundlage kommt es zu pädagogischen Entscheidungen. Klaus-Peter Wild und Andreas Krapp beschreiben die pädagogisch-psychologische Diagnostik als ein Arbeitsfeld,

> *»das sich mit der Beschaffung und Bewertung von Informationen befasst, die zu einer möglichst akkuraten Einschätzung der aktuellen Ausprägung von Personenmerkmalen (u.a. Fähigkeiten, Fertigkeiten, Einstellungen, Verhaltensgewohnheiten) oder der aktuellen Ausprägung einer pädagogisch relevanten Entwicklungsumwelt (z.B. Kommunikationsformen im schulischen Unterricht; elterliches Erziehungsverhalten; Strukturen des Freundeskreises) führen und zu einer besseren Prognose in pädagogisch relevanten Problemfeldern beitragen«* (Wild/Krapp 2001, 515).

Eine Prognose ist dann möglich, wenn es eine bestätigte Theorie oder wenigstens empirische Daten über Entwicklungsverläufe bei diagnostizierten Ausgangslagen und angenommenen Wirkfaktoren gibt.

Implizite Modellvorstellungen

Um angemessene pädagogische Entscheidungen treffen zu können, ist es sinnvoll, ein Problem auf der Grundlage einer bestimmten *Modellvorstellung* zu erfassen. In der *Vorbereitungsphase* geht es darum, die zur Beschreibung, konzeptionellen Fassung und zum Verstehen eines Problems notwendigen Informationen zu gewinnen, sich einen Überblick über Handlungsmöglichkeiten zu verschaffen und sich für die optimale Variante zu entscheiden. In der *praktischen Phase* geht es darum, diese zu realisieren, um dann das Ergebnis auf der Grundlage geeigneter Effektivitätskriterien zu überprüfen (vgl. Wild/Krapp 2001, 519). Wir gehen auf mögliche Modellvorstellungen ein.

- Beim *Persönlichkeitsmodell* wird auf das Individuum und sein Verhalten abgehoben. Besondere Verhaltens-, Leistungs- und Lernbeeinträchtigungen können in dreifacher Weise erklärt werden, nämlich mit Dysfunktionen des Organismus, mit Formen von Krankheit (im Sinne von Beeinträchtigung und Behinderung) und mit sozialisatorischen Belastungen (Traumata). In der Regel liegen dieser Sichtweise medizinische Krankheitsmodelle zugrunde.
- Beim *interaktionistischen Modell* werden die Wechselwirkungen, z.B. zwischen einem Kind und einer Lehrkraft in den Blick genommen. Verhaltens-, Lern- und Leistungsbeeinträchtigungen werden als Ergebnis gestörter Interaktion erklärt. Umdefinitionen, veränderte Interpretationen helfen dabei, etwas neu zu fassen und ihm eine andere Bedeutung zuzuweisen. Dabei wird das Problem von »Etikettierungen« im Sinne eines Labeling in den Blick genommen.
- Im *sozial-ökologischen Modell* werden die Wechselwirkungen zwischen dem Individuum und der Umwelt gefasst. Angesichts der Komplexität der Wechselwirkungen werden kleinere, übersichtliche Bedingungsgefüge betrachtet. Abgehoben wird auf die erlebte Gesamtsituation (vgl. Kleber 1996, 109ff.).

Persönlichkeitsdiagnostik

Unter Diagnostizieren wird eine methodisch angeleitete Form der Beurteilung verstanden. Lothar Tent (1993) definiert:

> *»Diagnostik ist ein theoretisch begründetes System von Regeln und Methoden zur Gewinnung und Analyse von Kennwerten für inter- und intraindividuelle Merkmalsunterschiede an Personen. Dazu gehören (a) die Formulierung diagnostischer Problem- und Fragestellungen, (b) die Erhebung diagnostischer Daten und deren Integration zu Diagnosen sowie (c) die damit verknüpften Folgeerwartungen (Prognosen) im Hinblick auf verfügbare oder wünschbare Behandlungsalternativen. Bei den Erhebungsmethoden unterscheidet man die informelle, instrumentell meist schwächere Urteilsbildung durch Experten (z.B. Lehrer, Psychologen, Ärzte) aufgrund von Verhaltensbeobachtung, Leistungseinschätzung und Gesprächsführung von der formalisierten Urteilsbildung mit Hilfe standardisierter Untersuchungsverfahren (Inventarien und Tests)«* (Tent 1993, 36).

Es geht darum, bei konkreten Fragestellungen wissenschaftlich fundierte Entscheidungshilfen für unterschiedliche Handlungs- und Behandlungsmöglichkeiten (Beratung, Hilfe, Therapie, Selektion) bereitzustellen. Bei der Diagnostik geht es immer darum, die aktuellen Leistungen, Verhaltensweisen, Formen des Erlebens einer Person mithilfe eines Bezugssystems einzuordnen. Verschiedene *Denkmuster* sind dabei hilfreich.

Wenn ein Denkmuster auf die *Eigenschaft* von Personen abhebt, wird bei Vorliegen eines registrierbaren Merkmals der Person aufgrund des Vorkommens dieses Merkmals, auf eine dahinter liegende, das konkrete Verhalten und Erleben erzeugende Eigenschaft geschlossen. Die Oberfläche dient als Indikator für ein tieferliegendes hypothetisches Konstrukt. Das beobachtete Merkmal wird als Indikator für die Eigenschaft der Person verstanden. Theorien des Aufbaus der Person liefern die Annahmen über relevante Eigenschaften (z.B. Extraversion, Neurotizismus) und Hinweise für Indikatoren, die durch Testverfahren oder Befragungen erfasst werden.

Wenn ein *Systemzustand* erfasst werden soll, z.b. die mathematische Kompetenz, wird er zur Grundlage für die Fähigkeit, eine bestimmte Aufgabenart zu lösen. Wenn es Zuordnungsregeln gibt, die Merkmale von Aufgaben mit Zuständen des Systems verknüpfen, kann von der Lösung bestimmter Aufgaben auf den Zustand des Systems geschlossen werden. Hier belegen die Merkmale der gelösten Aufgabe den Zustand des Systems.

Syndrome beschreiben Konfigurationen von Symptomen. Bei Vorliegen des Syndroms sind von der betroffenen Person besondere Leistungen oder bestimmte Leistungsmängel zu erwarten. Hier machen die erfassten Symptome das Vorliegen eines Syndroms plausibel. Klassifikationssysteme wie die Internationale Klassifikation psychischer Störungen (ICD 10) liefern dabei die wichtigen Bezugsinformationen.

Bei der Frage, ob ein Verhalten vorhanden ist, wird nach Situationen gesucht, die das Sichtbarwerden eines Verhaltens ermöglichen. Gelingt das Auslösen des Verhaltens, ist gezeigt, dass dieses Verhalten im Repertoire existiert (*Inventar*). Inventarlisten z.b. für alterstypisches Verhalten können hier das Bezugssystem sein. Zu den Fertigkeiten der Diagnostikerin resp. des Diagnostikers gehört, das für die Situation und Fragestellung angemessene Schlussfolgerungsmodell zu entwerfen und geeignete diagnostische Situationen zu konstruieren, die das interessierende Oberflächenphänomen sichtbar werden lassen.

Erfassung von Umweltmerkmalen

Beim Erfassen von Umweltmerkmalen wird versucht, die Qualität der familialen oder schulischen Umwelt zu erkennen. Dabei können Mutter-Kind-Interaktionen, die Qualität der Bindung, Erziehungsstile in der Familie (Ziele, Einstellungen, Praktiken), das Familienklima (Zusammenhalt, Offenheit, Konfliktneigung, Leistungsorientierung, kulturelle und religiöse Orientierung) und die Qualität der Ehepaarbeziehung (Zärtlichkeit, Konfliktbelastetheit, Zufriedenheit/Unzufriedenheit, Egalität/Unterdrückung) erfasst werden. Für den Kontext Schule gibt es eine Vielzahl von Instrumenten zum Untersuchen des Klassen- und Schulklimas (vgl. Gruehn 2000).

Ursula Carle (1997) beschreibt die Kind-Umfeld-Analyse als einen ökologischen und systemischen Ansatz zur Erfassung möglichst aller relevanten personalen und materiellen Gegebenheiten im Umfeld eines Kindes. Die hemmenden und förderlichen Bedingungen in der Schule und in den schulrelevanten Umfeldern sind zu analysieren und notwendige Umweltveränderungen zu bedenken. Dabei sollte ein Team die Analyse durchführen, da es so besser gelingen kann, die unterschiedlichen Facetten des Kind-Umfeld-Systems zu erhellen. Dazu können u.a. solche Fragen gestellt werden:

- Wie ist die derzeitige Lebens- und Lernsituation des Kindes?
- Wie sind die sozial-emotionalen Beziehungen des Kindes zu gleichaltrigen und zu erwachsenen Bezugspersonen?
- Wie ist die pädagogische Situation an der infrage kommenden Schule?
- Wie lassen sich die Bedürfnisse des Kindes und die Möglichkeiten der Schule verknüpfen?
- Wie können die erforderlichen Umfeldveränderungen realisiert werden?

Arbeitsschritte des Diagnostizierens

Zunächst geht es um die Klärung des diagnostischen Problems. Auf dem Hintergrund der Fragestellung werden Hypothesen gebildet, welche Zustände oder Prozesse erfasst werden sollen, um ein Bild zu bekommen, das zum Verstehen der Situation und zur Entwicklung von Interventionen ausreicht. Es wird überlegt, welche Verfahren eingesetzt werden sollen, um dieses Bild zu erzeugen. Wichtige Aspekte werden durch mehrere Erfassungswege so abgesichert, dass eine Aussage nicht von einem einzigen Verfahren abhängt. Die Schwächen einzelner Verfahren können so ausgeglichen werden, um zu einem sicheren Urteil zu kommen. Dann kommt es zur Datenerhebung. Durch geeignete Stichproben von Situationen und

Aufgaben werden methodisch kontrolliert die Daten gesammelt. Bei der Auswertung werden die in der Erfassungssituation ermittelten Daten unter Rückgriff auf Kriterien oder Normen einzuordnen versucht, um so diagnostisch relevante Informationen zu gewinnen. Der im Test gewonnene Rohwert (z.b. Zahl der gelösten Aufgaben) wird unter Rückgriff auf Durchschnittswerte der Vergleichspopulation (z.b. Kinder gleichen Alters) zu einem Kennwert (z.b. Hans hat weniger Aufgaben gelöst als 95 Prozent der Gleichaltrigen). Das ist ein Befund, der auf eine deutliche Leistungsschwäche hinweist. Anschließend werden die Daten interpretiert. Bei der Interpretation werden die gewonnenen Befunde zu einem Bild von der Situation der Person integriert. Daraus werden Folgerungen für das weitere Vorgehen abgeleitet. Die Überlegungen und das Ergebnis werden schriftlich dargestellt. Dies kann in der Form eines Gutachtens oder als Dokumentation des Vorgehens und der Ergebnisse erfolgen. Ein Förderplan geht über diese Formen hinaus, indem er nicht nur die Ergebnisse und Folgerungen darstellt, sondern Maßnahmen der Veränderung konzipiert und konkret plant.

Für Lehrkräfte in der Schule ist vor allem die Lernstandsdiagnostik und die Lernfähigkeitsdiagnostik bedeutsam. Bei der *Lernstandsdiagnostik* geht es darum, anhand einer Konzeption von Aufgaben mit aufeinander aufbauenden Anforderungen die Position einer *Lernerin* oder eines *Lerners* innerhalb dieser Domäne zu erfassen. Bei der *Lernfähigkeitsdiagnostik* wird nach Indikatoren gesucht, die den Zustand des *Lerner*systems und dessen Lernmöglichkeiten beschreiben.

Verfahren zur Gewinnung der Daten

Es ist notwendig, die Daten methodisch kontrolliert zu gewinnen und auszuwerten. Dabei sind die von einem naiven Beurteiler gemachten Beobachtungs- und Beurteilungsfehler zu minimieren (vgl. Greve/Wentura 1997). Die methodischen Vorkehrungen der Trennung von Registrieren und Interpretieren, das Beteiligen mehrerer unabhängiger Beobachter, die Verwendung von Beobachtungssystemen, das Eichen der Beobachtung durch Schulung an

Beispielen, die Verwendung mehrerer unabhängiger Verfahren und die Anwendung der Testgütekriterien (Objektivität, Reliabilität, Validität) helfen dabei, verlässliche Daten zu gewinnen und sie angemessen zu interpretieren.

- Beim *Inventarisieren* wird alles festgestellt und aufgezählt, was vorhanden ist. Wenn z.b. erhoben wird, was ein Kind in einem ausgewählten Bereich alles weiß und kann, werden auch die Lücken sichtbar (vgl. Kleber 1997, 106).

- *Verfahren der Beobachtung* zielen darauf, aktuelles Geschehen in methodisch kontrollierter Weise zu erfassen, um sie diagnostisch verwenden zu können. Das zu erfassende Merkmal muss sinnlich wahrnehmbar in einer Situation auftreten, um es beobachten zu können.

- Die *Methode des lauten Denkens* ist ein Verfahren, das ermöglicht, Denkprozesse der Beobachtung zugänglich zu machen, die sonst verborgen sind. Die Vorgehensweise besteht darin, einer Person eine Aufgabe zu stellen und sie zu bitten, alle ihre Gedanken, auch die ihr unsinnig erscheinenden Überlegungen und Impulse während der Bearbeitung laut auszusprechen. Gelegentlich muss diese Anweisung wiederholt werden, da die Person oft im Sog der Bearbeitung das Verbalisieren vergisst. Gelingt die Verbalisierung, können die Gedanken erfasst und in einem Bezugsrahmen, der eine Beurteilung erlaubt, interpretiert werden.

- Soll über Handlungsmöglichkeiten oder Leistungen entschieden werden, bietet sich an, eine Situation oder Aufgabe zu konstruieren, in der das fragliche Handeln oder das Erbringen der Leistung gezeigt werden kann. Anhand der *Arbeitsproben* und bearbeiteten *Aufgaben* können, auf der Grundlage eines konstruierten Auswertungssystems, die Besonderheiten des Handelns oder Leistens erfasst und bewertet werden.

- Bei der Exploration oder *Befragung* geht es um Daten, über die eine Person Auskunft geben kann. Diese Informationen können in einem Gespräch erfragt oder durch eine Frageliste erfasst werden.

- *Fehleranalysen* können helfen, Fehler beim Vollzug von Lernprozessen und bei der Lösung von Aufgaben zu bestimmen und ihre Ursachen aufzudecken. Dafür sind Aufgaben zu finden, die eine angemessene Anforderungsstruktur aufweisen; sie werden vom Kind resp. Jugendlichen bearbeitet. Die Fehler können in der schriftlichen Bearbeitung der Aufgabe erfasst werden, wenn alle Arbeitsschritte aufgeschrieben werden. Es wird versucht, die aufgetretenen Fehler zu klassifizieren und aufgrund der Fehlerarten in Kenntnis der Anforderungsstruktur auf Ursachen zu schließen (vgl. Lorenz 2003; Grissemann 1999). Wichtig ist dabei, dass der Fehler nicht direkt die Ursache offenbart, sondern erst die theoretische Analyse eine Zuordnung von Fehlerarten zu Ursachen ermöglicht.

- *Tests* sind Aufgabensammlungen, für die an Stichproben von Schülerinnen und Schülern die genauen Schwierigkeitsgrade und die Homogenität der einzelnen Aufgaben ermittelt wurde. Sie ermöglichen daher eine Messung. Bei Tests gibt es Normen, die eine Interpretation der Leistungen im Hinblick auf Stichproben ermöglichen. Es existieren eine Vielzahl von Tests, die ausgewählte Bereiche zu erfassen suchen, z.B. Kenntnis- und Fähigkeitstests, Persönlichkeitsfragebögen, Einstellungs- und Interessentests, Motivationstests, Angsttests und solche zur Erfassung spezieller Verhaltensmerkmale. *Intelligenztests* »sind i.d.R. kleine Testbatterien, d.h. sie bestehen aus einer Kombination von Subtests, die jeweils eine bestimmte Dimension oder einen bestimmten ›Faktor‹ der Intelligenz messen. Die theoretische Basis dieser Art von Intelligenzmessung ergibt sich aus den Strukturmodellen der Intelligenz« (Wild/Krapp 2001, 534). Die Wissenschaftler führen dabei intellektuelle Leistungen auf sieben Primärfaktoren zurück, nämlich räumliches Vorstellen, Beherrschen von einfachen Rechenoperationen, Verständnis sprachlicher Bedeutungen und Beziehungen, Flüssigkeit sprachlicher Einfälle, Merkfähigkeit/Gedächtnis, logisches Schließen und rasches Erkennen von Details. Daneben können Tests konstruiert werden, die spezifische Fähigkeiten resp. Defizite zu erfassen erlauben, z.B. im Lesen, Rechtschreiben, Fremdsprachen, Sport.

- Alle Verfahren, die es erlauben, Personenmerkmale in eine Reihenfolge zu bringen und diese Zahlenwerte so zuzuordnen, dass deren Relationen den Relationen der Personmerkmale entsprechen, sollen *Messung* genannt werden. Die unterschiedlich ausgeprägte Möglichkeit, die Abstände zwischen den Personenmerkmalen auf einer Skala angemessen zu schätzen bzw. mit Zahlen abzubilden, ist dabei Ausdruck verschiedener Stufen von Messqualität. Viele Verfahren erlauben nur ein »besser«- oder ›schlechter‹-Urteil, aber keine Quantifizierung des Abstands. Erfassung der Abstände gelingt nur, wenn es *Aufgaben* gibt, deren Schwierigkeitsgrade wir exakt bestimmen können und wenn es keine Messfehler gibt, die eine eindeutige Zuordnung der Messwerte erschweren. Handlungsanweisungen zur Konstruktion von schulischen Messverfahren sind bei Sacher (1996) und Jäger (2000) zu finden. Analysen der Domäne helfen, Aufgaben zu konstruieren, die ein umfassendes Bild von der Leistungsfähigkeit der Person ergeben. Am Beispiel der naturwissenschaftlichen Leistung kann erläutert werden, wie eine veränderte Konzeption zu neuen Aufgabenarten führt. Shavelson/Ruiz-Primo (1999) haben gezeigt, dass bei einer Auffassung von Leistung, die neben deklarativem Wissen auch prozedurales und strategisches Wissen in den Blick nimmt, diese nicht mehr mit den klassischen Aufgaben angemessen erfasst werden kann. Die Autoren schlagen vor, die Struktur des Wissens mithilfe von Concept-Maps direkt zu ermitteln und die prozeduralen und strategischen Wissensanteile mithilfe von ausführungsbezogenen Prüfsituationen zu erfassen. Bei *ausführungsbezogenen Prüfsituationen* werden den Schülerinnen oder Schülern Materialien und ein Arbeitsauftrag gegeben und dann beobachtet, welche Lösungshandlungen auftreten.

Bündeln wir, worauf Lehrkräfte in diagnostischer Absicht den Focus der Aufmerksamkeit richten, sind das ausgewählte Merkmale von Schülerinnen und Schülern oder Schülergruppen, Interaktion und Kommunikation zwischen Schülerinnen und Schülern, Merkmale von Aufgaben, Lernprozesse und typische Schwierigkeiten beim Lernen ebenso wie Fehler.

Diagnostische Kompetenz von Lehrkräften

Wir gehen davon aus, dass Lehrkräfte ein Mindestmaß an diagnostischer Kompetenz entwickeln. Sie sollten einzelne Schüler und Schülergruppen unter ausgewählten Personenmerkmalen resp. Interaktionen gezielt beobachten können. Es sollte ihnen möglich sein, deren Verhalten zu inventarisieren und Lernprozesse zu dokumentieren. Sie sollten von Testexperten professionell konstruierte Diagnoseverfahren anwenden, auswerten und interpretieren können. Sie sollten Verfahren zur Erfassung des Lernstandes und der Lernergebnisse der Schülerinnen und Schüler kennen und valide Verfahren einer zusammenfassenden Beurteilung von Einzelbewertungen beherrschen. Sie sollten Diagnoseergebnisse dafür nutzen können, ihren Unterricht zu optimieren. Dazu gehört, Lernhilfen zu geben durch Lern- und Lehrsteuerung, durch gezielte Förderung im Regelunterricht und im Förderunterricht, ihre diagnostischen Urteile zu begründen und zu evaluieren und Diagnoseergebnisse zu kommunizieren. Darüber hinaus sollten sie miteinander kooperieren und mit Experten (Ärzten, Psychologen) zusammenarbeiten (vgl. Helmke 2003, 86). Zur diagnostischen Kompetenz zählt ebenso, verwendete Modelle kritisch zu reflektieren, sich mit Urteilsprozessen und Urteilsfehlern auseinander zu setzen und Bewertungen immer wieder infrage zu stellen (vgl. Kleber 1996, 108).

Zur *Verbesserung der Diagnosefähigkeit* schlägt Andreas Helmke (2003) Lehrkräften ein Vorgehen nach folgendem Zyklus vor: Auswahl eines Untersuchungsgebietes, z.B. Sicherheit beim Lösen einer bestimmten Aufgabe durch alle Schüler einer Klasse, individuelle Prognose über die Leistungsergebnisse der einzelnen Schülerinnen und Schüler – Durchführung des Tests und Auswertung – Vergleich zwischen der eigenen Schätzung und dem empirischen Befund – Analyse der Diskrepanzen.

Lehrerdiagnosen müssen nicht den Qualitätskriterien pädagogischer Diagnostik genügen. Andreas Helmke stellt heraus, dass sie sich nicht durch neutrale Objektivität, sondern durch pädagogisch günstige Voreingenommenheit auszeichnen sollen, bei der der Unterrichtende

>*die Leistungsunterschiede zwischen den Schülern einer Klasse mäßig unterschätzt, die Leistungsfähigkeiten der einzelnen Schüler leicht überschätzt, ihre Erfolge subjektiv durch Begabung und ihre Misserfolge durch mangelnde Anstrengung oder ineffektiven Unterricht erklärt und sich selbst auf diese Weise vielfältige und immer neue Handlungsanreize erschließt. (...) Als pädagogisch ungünstig müssen demgegenüber diagnostische Voreingenommenheiten von Lehrern angesehen werden, die häufig zu einer Überschätzung der Leistungsdifferenzen in der Klasse, zu einer Unterschätzung der individuellen Lernmöglichkeiten und zu einer subjektiven Erklärung von Misserfolgen durch mangelnde Begabung und von Erfolgen durch Zufall oder besondere Anstrengung führen«* (Helmke 2003, 89f.).

Diagnostische Kompetenz von Lehrkräften ist kein Wert für sich. Sie muss dazu führen, dass didaktische Förder- und Strukturierungsmaßnahmen innerhalb und außerhalb des Unterrichts getroffen werden; nur dann trägt sie zur Steigerung des Lernerfolgs der Schülerinnen und Schüler bei (vgl. Helmke 2003, 93).

Die Aufgabe der Lehrkraft bleibt, auch wenn sie für bestimmte Fragestellungen Expertinnen und Experten heranzieht, die diagnostischen Befunde so auszuwerten und zu einem Handlungsmodell zu integrieren, dass dieses die Behandlungsvorschläge der Expertinnen und Experten und die daraus resultierenden selbst entwickelten pädagogischen Lösungswege enthält. Auf dieser Grundlage sind geeignete Handlungspläne zu konzipieren.

Individualisierung und Förderung

Die Förderung von Kindern und Jugendlichen durch Erfassung und Dokumentation ihres Lernprozesses und durch gezielte Hilfen vor, im und nach dem Regelunterricht, ist wichtige Aufgabe der Lehrkraft. Um Schülerinnen und Schüler angemessen fördern zu können, ist es notwendig, differenziert ihre möglichen Probleme beim Lernen zu erfassen. Das Modell des erfolgreichen *Lerners* beschreibt verschiedene Komponenten, die beim Lernen relevant sind. Auf dieser Grundlage kann besser erfasst werden, welche jeweiligen Lernschwierigkeiten oder Lernstörungen vorliegen. Wir erörtern Teilgebiete von Lernschwierigkeiten (z.B. Instruktionsverständnis – Lernstrategien – Informationsverarbeitung – Lernmotivation – Handlungsregulation) und zeigen Wege des Umgangs mit Schülerinnen und Schülern auf, die Lernschwierigkeiten zeigen. Wir diskutieren verschiedene Förderstrategien, stellen ein Grundmodell der Förderung vor und entwickeln die These von den »multiplen Ursachen« bei Lernproblemen, die Lehrkräfte anspornen könnten, mit einem Mix von Interventionen einzugreifen. Auf der Grundlage des Fallkonzeptes und des Fallbesprechungsmodells zeigen wir Strategien zur Entwicklung von Förderangeboten und für lernförderliches Lehrerhandeln. Abschließend erörtern wir verschiedene organisatorische Möglichkeiten der Förderung (Frühförderung – Förderung im Regelunterricht – Besonderer Förderunterricht) und erörtern Ressourcen des Elternhauses zur Unterstützung ihrer Kinder.

Das Modell des erfolgreichen Lerners

Unterricht soll das Lernen der einzelnen Schülerinnen und Schüler fördern. Die Lernvoraussetzungen der Schülerinnen und Schüler sollen erhoben, für sie sollen besondere Pläne zur Förderung aufgestellt werden. Es ist intendiert, ihre Lernentwicklung zu erfassen und zu dokumentieren. Ziel dabei ist es, entstehende Probleme beim Lernen rechtzeitig zu erfassen, um durch angemessene Interventionen Hilfen und Unterstützung zu geben. Wenn in diesem Band auch nicht umfassend auf Lernstörungen eingegangen werden kann, so ist das Nachdenken über mögliche Probleme beim Lernen ein Ansatz, um Lernen innerhalb und außerhalb des Regelunterrichts zu ermöglichen und den Unterricht im Sinne von Lernwirksamkeit zu optimieren.

Gerhard W. Lauth, Matthias Grünke und Joachim C. Brunstein charakterisieren den erfolgreichen Lerner wie folgt:

>*»Erfolgreiche Lerner halten sich beim Lernen an einen nachvollziehbaren Ablauf und besitzen die dafür notwendigen Lernvoraussetzungen. Sie zeichnen sich dadurch aus, dass sie über Strategien der Informationsentnahme und -verarbeitung verfügen, (...). Erfolgreiche Lerner setzen zudem Strategien ein, um ihre Lernhandlungen zu organisieren. Sie planen die einzelnen Etappen des Lernverlaufs, teilen sich ihre Zeit gut ein und berücksichtigen dabei auch schwierige Passagen bei der Bewältigung einer Aufgabe. Erfolgreiche Lerner sind zudem ›metakognitiv‹ aktiv: Sie leiten ihre Lernhandlungen durch Selbstanweisungen an, formulieren selbstgerichtete Fragen und überwachen die Fortschritte, die sie beim Erwerb neuer Kenntnisse machen. Sie regulieren ihre eigene Motivation, wissen über die Bedeutung lernförderlicher Emotionen Bescheid und sind in der Lage, impulsive Handlungstendenzen zu kontrollieren. (...) Erfolgreiche Lerner sind kognitiv und motivational aktiv, reflektieren und optimieren ihr eigenes Lernen, bearbeiten eine Aufgabe dadurch vertieft und erwerben auf diesem Weg fundierte Kenntnisse und Fertigkeiten. All dies impliziert, dass erfolgreiche Lerner sehr viel Zeit verwenden, um Wissen zu erwerben, zu praktizieren und in unterschiedlichen Kontexten anzuwenden«* (Lauth/Brunstein/Grünke 2004, 17f.).

Die Wissenschaftler benennen vier Komponenten, in denen Kinder mit Lernschwierigkeiten Defizite vorweisen, nämlich fehlende Basisfertigkeiten, z.B. im Bereich der Informationsverarbeitung; mangelnde Wissens- und Begriffssysteme durch eine reduzierte Wissensbasis; Defizite im Beherrschen und Anwenden von Lernstrategien und fehlende metakognitive Fähigkeiten zur Planung, Überwachung und Regulation der Lernhandlungen (Selbstmotivation, Steuerung, Einsatz aufgabenangemessener Strategien).

Weniger kompetente *Lernende* haben – oft aufgrund mangelnden Vorwissens – Probleme, die gestellte Aufgabe zu verstehen; sie zeigen wenig Motivation, sind misserfolgsorientiert, leistungsängstlich und verwenden zu wenig Zeit für das Lernen. Kinder mit Lernschwierigkeiten verfügen kaum über effektive Strategien, wissen wenig über Anwendungsbedingungen, überwachen ihr Lernen selten und bemerken daher eigene Fehler nicht. Sie fühlen sich durch komplexe Aufgaben überfordert und weichen in die Inaktivität aus. Sehr leicht geraten sie in einen »Teufelskreis«, bei dem sich kognitive und motivationale Defizite gegenseitig verstärken; das Selbstbild des inkompetenten Lerners entsteht.

Was sind Lernstörungen oder Lernschwierigkeiten?

»Lernstörungen bezeichnen (...) Minderleistungen beim absichtsvollen Lernen. Sie äußern sich darin, dass das gewünschte Können, Wissen und Verhalten (z.B. beim Lesen, Rechnen, Schreiben, Mitarbeit) nicht in ausreichender Qualität, nicht mit ausreichender Sicherheit sowie nicht in der dafür vorgesehenen Zeit erworben wird: Die erwarteten Leistungsergebnisse werden trotz als angemessen erachteter Lernangebote nicht erreicht, sodass den betroffenen Schülern mehr oder minder umfangreiche Störungen des Lernens zugeschrieben werden« (Lauth/Brunstein/Grünke 2004, 13).

Eine Klassifikation von Lernschwierigkeiten wird in der folgenden Tabelle vorgenommen (vgl. Tabelle 1).

Kinder mit Lernstörungen weisen markante Defizite in den Basisfertigkeiten (Fertigkeiten der Informationsverarbeitung), im vorhandenen Vorwissen und in Begriffssystemen, in ihren metakognitiven Fertigkeiten (Wissen über eigene gedankliche Prozesse, über die Planung, Überwachung und Regulation von Lernhandlungen) und in ihrer Motivation bzw. in der Anstrengungs- und Lernbereitschaft auf (vgl. Lauth/Brunstein/Grünke 2004, 15f.).

	Bereichsspezifisch (partiell)	**Allgemein (generell)**
Vorübergehend (passager)	Lernrückstände in Einzelfächern	Schulschwierigkeiten Neurotische Störung
Überdauernd (persistierend)	Lese-Rechtschreibschwäche; Rechenschwäche	Lernschwäche Lernbehinderung Lernbeeinträchtigung Geistige Behinderung

Tabelle 1: Arten von Lernstörungen (nach Lauth/Brunstein/Grünke 2004, 13)

Andere Autoren verwenden den Begriff der »Lernschwierigkeiten«. Weinert und Zielinski definieren Lernschwierigkeiten wie folgt:

>*»Von Lernschwierigkeiten spricht man im allgemeinen, wenn die Leistungen eines Schülers unterhalb der tolerierbaren Abweichungen von verbindlichen institutionellen, sozialen und individuellen Bezugsnormen (Standards, Anforderungen, Erwartungen) liegen oder wenn das Erreichen (bzw. Verfehlen) von Standards mit Belastungen verbunden ist, die zu unerwünschten Nebenwirkungen im Verhalten, Erleben oder in der Persönlichkeitsentwicklung des Lernenden führen«* (Weinert/Zielinski 1977, zitiert nach Zielinski 1998, 13).

Verursachungsbedingungen von Lernschwierigkeiten werden nach *internen Bedingungen* wie Vorkenntnisse, Lernmotivation, Instruktionsverständnis, *externen Bedingungen* wie zugestandene Lernzeit oder Qualität des Unterrichts und *moderierende Bedingungen* wie Klima des Unterrichts, Peer-Group-Beziehungen, Bedingungen des Elternhauses, Medien (vgl. Zielinski 1998, 19) unterschieden. Im Folgenden gehen wir auf ausgewählte Teilgebiete differenzierter ein.

Lernvoraussetzungen

Zu den Lernvoraussetzungen gehört das rasche und sichere Einordnen von Informationen und das aktive Speichern von Informationen.

Instruktionsverständnis

Wenn Arbeitsanweisungen und Informationen nicht richtig verstanden werden, bleibt der davon erhoffte Lernerfolg aus. Fehlende verbale Intelligenz kann dafür eine Ursache sein, aber auch Mängel im Sprachverständnis, z.b. ein verlangsamter Ablauf bei der Enkodierung oder fehlende Kontrollstrategien.

Lernstrategien

Unter Lernstrategien werden Handlungspläne verstanden, die zum Erreichen von Lernzielen eingesetzt werden. Sie sind zunächst bewusst angewandte Verfahren, die allmählich automatisiert werden. Zu ihnen gehören Lernfertigkeiten und Lerntechniken und die Pläne, die diese Prozesse lenken und überwachen (vgl. Mackowiak 2004, 147).

Lernstrategien können zweifach dimensioniert werden, nämlich als *bereichsübergreifende Problemlösestrategien* (z.B. das allgemeine Vorgehen beim Lösen einer Aufgabe) und als *bereichsspezifische Strategien* (z.B. Lesen oder Rechnen). Die Lernstrategien können sich auf kognitive, metakognitive oder motivationale Prozesse beziehen. *Kognitive Strategien* helfen beim Aufnehmen, Verarbeiten und Speichern wichtiger Informationen durch den Aufbau von Wissens- und Kategoriensystemen. *Metakognitive Strategien* sind bedeutsam beim Steuern, Regulieren und Kontrollieren des eigenen Lernverhaltens. *Motivationale Strategien* dienen der Aufrechterhaltung von Anstrengung und Aufmerksamkeit; sie aktivieren förderliche Selbstwirksamkeitserwartungen. Wenn ein Kind beim Arbeiten die wesentlichen Aspekte einer Aufgabe erkennt, zur Lösung auf

Vorwissen zurückgreift, sich Notizen macht, Lerninhalte wiederholt und dadurch präsent zu halten sucht, Diagramme und Tabellen erstellt, um den Lernstoff zu strukturieren, können wir dies als Hinweis für die Verwendung kognitiver Strategien interpretieren. Metakognitive Strategien zeigen sich z.b. in einer angemessenen Zeitplanung, in der Überwachung des Lernprozesses auch im Hinblick auf Fortschritte, in der Wahrnehmung und Korrektur von Fehlern oder in Selbstanweisungen. Motivierende Strategien zeigen sich in der Bereitschaft, sich gegen konkurrierende Einflüsse abzuschirmen und negative Emotionen zu regulieren. Lernstrategien werden schrittweise erworben.

Informationsverarbeitung

Lernerinnen und *Lerner* können dabei unterstützt werden, relevante Informationen aus der Umwelt aufzunehmen, zu sortieren, mit dem eigenen Vorwissen zu verknüpfen und aus Einzeldaten brauchbare Schlüsse zu ziehen.

Lernmotivation

Motivation ist ein hypothetisches Konstrukt. Motivation soll die Richtung, Intensität und Dauer eines Verhaltens resp. Handelns erklären. Entgegen möglicher Alltagstheorien handelt es sich um keinen Wirkstoff, der mehr oder weniger vorhanden sein kann und dessen Menge darüber entscheidet, ob es zu einer Handlung kommt oder nicht. Es ist von unterschiedlichen Teilprozessen auszugehen, die zusammenwirken, wenn eine Handlung entsteht. Die Motivationstheorie beschreibt die Teilprozesse, deren Zusammenwirken die Zielorientierung, Ausdauer und Intensität des Verhaltens resp. Handelns erklären.

Motivationstheoretische Analysen lassen z.b. die Wahrnehmung und Beschreibung von Schülerinnen und Schülern als »faul« in etwas anderem Licht erscheinen. Lernverweigerung kann hier als mehr oder weniger bewusste Konsequenz einer Kosten-Nutzen-

Bilanz aufgefasst werden. Dies wird plausibel, wenn man sich das Motivationsmodell von Heckhausen (1977) verdeutlicht und mit Überlegungen zur Attribution nach Weinert (1984) verknüpft. Nach Heckhausen sind für das motivierte Handeln kognitive Zwischenprozesse wichtig. In einer Situation entsteht dann die Motivation für die Handlung, wenn von einer Handlung Ergebnisse erwartet werden, die besser sind als die Ergebnisse, die sich einstellen, wenn nicht gehandelt würde und wenn die erwarteten Folgen positiv bewertet werden (vgl. Abb. 8).

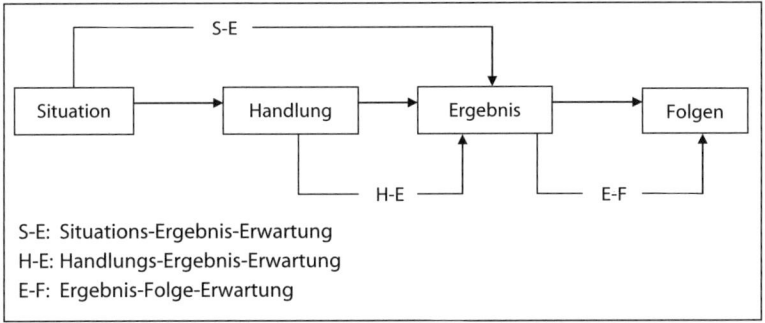

Abb. 8: Schema einer Handlungsepisode nach Heckhausen (1997)

Attribution und Reattribution

In der Vorgeschichte einer Person liegt begründet, welche Art von Zielen in der Situation sie sich setzt (Anspruchsniveau), ob sie eher realistische oder zu leichte bzw. zu schwere Aufgaben wählt. Nach Weinert (1984) ist außerdem bedeutsam, mit welcher Ursachenzuschreibung (Attribution) sich eine Schülerin ihren Erfolg oder Misserfolg erklärt. Wird ein Misserfolg mit *internalen* Gründen wie fehlende Fähigkeit oder fehlende Anstrengung erklärt, ist die Wirkung eine andere als bei *externalen* Gründen wie Aufgabenschwierigkeit oder Zufall. Bei internaler Attribution von fehlender Fähigkeit entstehen Inkompetenzgefühle; bei fehlender Anstrengung könnte Scham empfunden werden. Externale Attribution würde zu deutlich geringerer persönlicher Betroffenheit führen. Prozesse der *Selbstbewertung* sind dafür verantwortlich, ob die Gefühle nach Erfolg stärker sind als die Gefühle bei Misserfolg oder ob es umgekehrt ist. Diese Muster der Selbstbewertung werden im Prozess der Sozialisation erworben.

Die diagnostizierte »Faulheit« einer lernschwierigen Schülerin (oder eines Schülers) könnte in dieser Sicht darin begründet liegen, dass sie aufgrund gemachter Erfahrungen ungünstige Erwartungen und Attributionsmuster ausgebildet hat. Diese lassen sie ihre Erfolgschancen in einer konkreten Lernsituation für so gering einschätzen, dass sie jede Eigenaktivität als aussichtslos ansieht. Neuere Entwicklungen der Handlungspsychologie (Kuhl/Heckhausen 1996) haben zu der Einsicht geführt, dass für das Handeln nicht nur eine *Intentionsbildung* als motivationale Grundlage gebraucht wird, sondern auch ein *Willensprozess*, der zur Umsetzung in Handlung führt. Dieser Willensprozess enthält Teilprozesse der Handlungsplanung und der Handlungskontrolle. Bei der Umsetzung in eine Handlung spielen dann noch situative Barrieren und Ressourcen eine Rolle. Fehlende Lernanstrengungen können auch auf Defizite in der *Planungsfähigkeit* und auf fehlende *Kontrollprozesse* (z.B. Unfähigkeit zur Abschirmung gegen alternative Motive) zurückgeführt werden.

Unsere Überlegungen zeigen, dass bei beobachtbaren Zuständen (z.B. fehlende sichtbare Anstrengung in einer Lernsituation) eine theoretische Analyse ergeben kann, dass dieses Bild kein Indikator für eine Eigenschaft der Person (»Faulheit«) ist, sondern dass das Erscheinungsbild als Folge einer *Lerngeschichte* entstanden sein kann. Die theoretischen Konstrukte der Motivationspsychologie können genutzt werden, um Interventionen zu planen. Sie können aber auch dazu anleiten, den eigenen Unterricht daraufhin zu überprüfen, ob er zu Demotivierungen beiträgt (vgl. Prenzel 1997).

Handlungsregulation

Dazu gehört die Fähigkeit, die Prozesse, die zur Bewältigung einer Aufgabe notwendig sind, selbstständig in aufeinander aufbauende und zielführende Handlungsschritte zu unterteilen, diese umzusetzen und im weiteren Verlauf zu modifizieren.

Fähigkeit zu selbst gesteuertem Lernen

Ziel schulischer Bemühungen ist es, die Fähigkeit zu selbst gesteuertem Lernen zu vermitteln. Geeignete Lernarrangements sollen helfen, die dafür notwendigen Teilfertigkeiten aufzubauen. Niegemann/Hofer (1997) haben die dafür notwendigen Teilkompetenzen in einem Modell aufgeführt. Wir stellen hier eine vereinfachte Variante vor (vgl. Abb. 9).

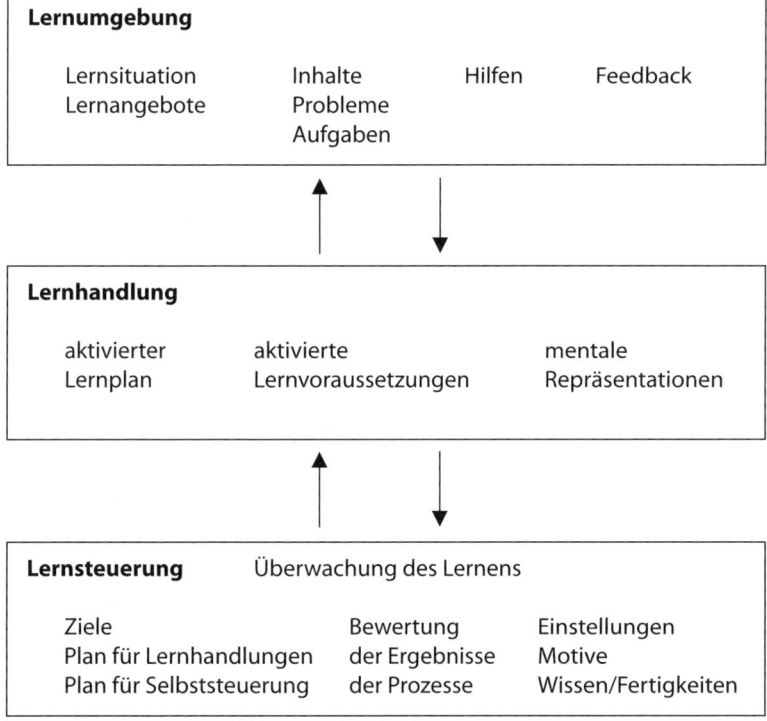

Abb. 9: *Faktoren des selbst gesteuerten Lernens*

Diese Ideen sind mit der Konzeption des Lernens als Handlung (Dulisch 1994) kompatibel. Selbst gesteuertes Lernen gelingt nur, wenn die *Lernerin* oder der *Lerner* Lernhandlungen planen und überwachen kann. Das Modell kann helfen, die Kompetenzen zu erkennen, die eine *Lernerin* resp. ein *Lerner* nutzen kann bzw. die ihr resp. ihm fehlen und die durch geeignete Lernarrangements vermittelt werden müssen. Für die Arbeit in der Sekundarstufe I und II liegen Vorschläge für eine Didaktik des selbstständigen Lernens vor (vgl. Moegling 2004), die ergänzend herangezogen werden können.

Als eine *externe Bedingung* ist z.B. auf die unterschiedlichen Zeitbedarfe für die Bearbeitung einer Aufgabe durch verschiedene *Lernende* zu verweisen.

Als *moderierende Bedingungen* können familiäre Kontexte in den Blick genommen werden. Folgende familiäre Verursachungsfaktoren für Lernschwierigkeiten sind als gesichert anzusehen: autoritärer Erziehungsstil, übergroße Strenge der Mutter oder deren fehlende Unterstützung, geringes elterliches Engagement und häusliche Erziehungsprobleme (vgl. Zielinski 1998, 58f.). Eine große Schwierigkeit besteht darin, auf das familiäre Umfeld des Kindes so einzuwirken, dass für das Kind günstige Umfeldbedingungen entstehen.

Schülerinnen und Schüler mit Lernschwierigkeiten

Im Umgang mit einem konkreten lernschwierigen Schüler schlägt Zielinski (1998) eine strategische Folge von Arbeitsschritten von der Oberfläche zu den in der Person liegenden Ursachen vor. Lernschwierigkeiten werden danach in folgenden Diagnose- und Interventionsschritten abgearbeitet: Zunächst erfolgt eine Diagnose und Intervention auf der *Vorkenntnisebene.* Wenn sich daraus keine Ansätze für eine Verbesserung ergeben, wird die *Unterrichtsebene* untersucht, dann die *Verhaltensebene,* und erst danach wird auf der *Fähigkeitsebene* nach möglichen Verursachungsmomenten gesucht, die in der Person liegen.

Exkurs: Verursachungsfaktoren und Förderstrategien

Lorenz (1991) hat in einer Übersicht Erklärungsversuche und daraus sich ergebende Förderstrategien einander zugeordnet.

Der *psychodiagnostische Ansatz* liefert eine Aufhellung der an der Leistung beteiligten und mit Tests zu erfassenden Teilkomponenten. Als Förderstrategie ergibt sich daraus, nach isolierbaren Teilkompetenzen zu suchen und diese zu trainieren.

Der *sonderpädagogische Ansatz* baut auf der Psychodiagnostik auf. Hier geht es um die Identifikation der lernschwachen Kinder und um die Unterscheidung der Störungen unter feineren Gesichtspunkten, z.B. Störungen des Körperschemas, visu-motorische Integrationsstörungen, räumlich-visuelle Erfassungs- und Vorstellungsschwäche. Außerdem bemühen sich Sonderpädagogen um die Bereitstellung von Übungsformen, orientierten sich dabei an der Fachdidaktik und versuchen, eine kleinschrittige Aufbereitung des Stoffes für die Schülerinnen und Schüler mit Lernstörungen.

In der *Denkpsychologie* wird die infrage stehende Leistung als persönlich ausgebildete Art des kognitiven Umgangs mit einem Weltausschnitt angesehen, die durch diagnostische Verfahren (z.B. Lautes Denken) zu ermitteln ist. Es wird analysiert, wie eine Leistung schrittweise entsteht; daraus werden Förderideen abgeleitet.

Aus der Perspektive der *Neuropsychologie* wird nach anatomischen Substraten der Lernstörung gesucht oder eine Aufspaltung in Teilleistungen vorgenommen. Dabei ist die Rolle der Stützfunktionen der Intelligenz zu beachten. Störungen können im taktil-kinästhetischen Bereich, bei der auditiven und visuellen Wahrnehmung, bei Speicherung und Serialität oder der Intermodalität gesucht werden. Durch Trainingsverfahren sollen die ermittelten Störungen verändert und Lernprobleme vermindert werden.

Beim *kognitionspsychologischen Ansatz* wird versucht, ein Modell der Feinschritte der Aufgabenbearbeitung zu entwickeln und die Fehllösungen einer Schülerin resp. eines Schülers mit dieser erfolgreichen Strategie zu vergleichen, um die Defekte in den Prozeduren des *Lerners* zu ermitteln. Die gewählte Förderstrategie besteht im Einüben in den Gebrauch optimaler Strategien, im Training von Metakognition und von einsichtigem Lernen.

Beim *Fehleransatz* wird von einer Erfassung und Analyse der von Schülerinnen resp. Schülern gemachten Fehler ausgegangen. Fehlermuster werden gesucht und daraus auf Denkmuster geschlossen, die diesen Fehlern zugrunde liegen. Die Entwicklung fehlersensitiver lehrzielorientierter Tests, die sensitiv in dem Sinne sind, dass sie verschiedene Lösungsstrategien abzubilden gestatten, bilden eine solide Grundlage für remediale Strategien.

Das Grundmodell der Förderung

Ausgangspunkt des Förderns ist ein vermutetes Lernproblem. Fällt eine Schülerin oder ein Schüler beim Monitoring genannten Prozess durch stark fehlerhafte Leistungen auf und zeigen die vergleichsorientierten oder kriterienorientierten Leistungsmessungen ein Unterschreiten des Minimalstandards, besteht der Verdacht auf ein *Lernproblem*. Von *Lernschwierigkeit* soll gesprochen werden, wenn die Leistungen einer Schülerin oder eines Schülers unterhalb der tolerierbaren Abweichungen von verbindlichen institutionellen, sozialen und individuellen Bezugsnormen (Standards, Anforderungen, Erwartungen) liegen oder wenn das Erreichen (bzw. Verfehlen) von Standards mit Belastungen verbunden ist, die zu unerwünschten Nebenwirkungen im Verhalten, Erleben oder in der Persönlichkeitsentwicklung der Lernenden führen (nach Zielinski 1998). Bei schweren Formen wird von Lernbehinderungen gesprochen. *Lernbehinderungen* werden meist mit unterdurchschnittlichen Intelligenzleistungen in Verbindung gebracht; oft wird eine besondere Form der Beschulung für notwendig erachtet.

Förderung der betroffenen Schülerin resp. des Schülers heißt, helfend darauf einzuwirken, dass diese Person sich entwickelt. Dazu ist ein Dialog zwischen fördernder Lehrkraft und betroffenem Kind anzustreben, der ihm eine fachliche Unterstützung bei der Aufgabe der Selbstentwicklung anbietet. Selbstverwirklichung und Identitätsfindung der Schülerin oder des Schülers sind unabhängig vom betroffenen Inhaltsfeld immer zu unterstützen. Expertise der fördernden Lehrkraft wird gebraucht, um eine fachlich angemessene Sicht der Problemlage und inhaltlich angemessene Interventionsmöglichkeiten zu erarbeiten und mit der persönlichen Innensicht des betroffenen Kindes in Passung zu bringen. Dann sind gemeinsam Veränderungen zu planen. Um das Selbstbild der geförderten Person nicht zu gefährden, dürfen nicht die Defizite im Mittelpunkt der Betrachtung stehen. Die Förderung soll von den Ressourcen und Fähigkeiten des Kindes ausgehen.

Bei Verdacht auf Vorliegen eines Lernproblems ist die Bildung von Hypothesen über die möglichen Ursachen und geeignete Interventionen zur Behebung dieses Lernproblems der wichtigste Schritt. Theorien über die Entstehung und Erhaltung von Lernproblemen werden herangezogen, um solche Hypothesen zu generieren.

Das Kind wird damit zu einem *Fall*. Damit ist gemeint, dass die Lehrkraft in ihrem Denken ein personen- und situationsbezogenes Modell des Funktionierens dieser Schülerin resp. dieses Schülers aufbaut. Aus diesem Modell werden unter Verwendung allgemeiner Theorien über die Faktoren der Leistungsentstehung und spezieller Theorien für den vorliegenden Gegenstandsbereich Annahmen über die Wirksamkeit von leistungsfördernden Maßnahmen entwickelt und unter Verwendung technologischer Regeln in konkrete Handlungspläne umgesetzt. Diagnostische Verfahren werden eingesetzt, um die Plausibilität der Annahmen über die Gegebenheiten bei dieser Person zu überprüfen und um zwischen möglichen Alternativen zu entscheiden, die Bestandteile des *Fall-Modells* werden können. Damit wird versucht, die denkbaren Handlungsmöglichkeiten auf die vermutlich wirksamen Alternativen einzuschränken.

Deutlich wird, dass ohne theoretische Vorüberlegungen keine Auswahl der geeigneten diagnostischen Verfahren möglich ist. Die Diagnostik liefert Daten; deren Interpretation und Umsetzung in Interventionen setzt Theoriewissen voraus. Das allgemeine Wissen über Leistungsentstehung und das Wissen über die spezifischen Bedingungen der betroffenen Person bzw. des spezifischen Lernproblems führen zu einem Verstehen der gegebenen Situation. Aufgrund dieses Verstehens kann es gelingen, einen *Förderplan* auszuarbeiten, der einen Verfahrensvorschlag zur Behebung der Lernschwierigkeit mithilfe geeigneter Lernarrangements oder therapeutischer Maßnahmen darstellt.

Die aufgrund der angemessenen Durchdringung des Falles entwickelten Fördermaßnahmen sind dann in der geplanten Weise durchzuführen. Durch Verfahren des Monitoring wird sichergestellt, dass die geplante Qualität der Maßnahmen erreicht wird. Durch geeignete kriterienorientierte Messung ist zu überprüfen, ob die Maßnahmen erfolgreich sind oder alternative Hypothesen entwickelt werden müssen, um methodische Varianten zu entwerfen. Die Abbildung 10 zeigt diese grundlegende Heuristik des Förderns.

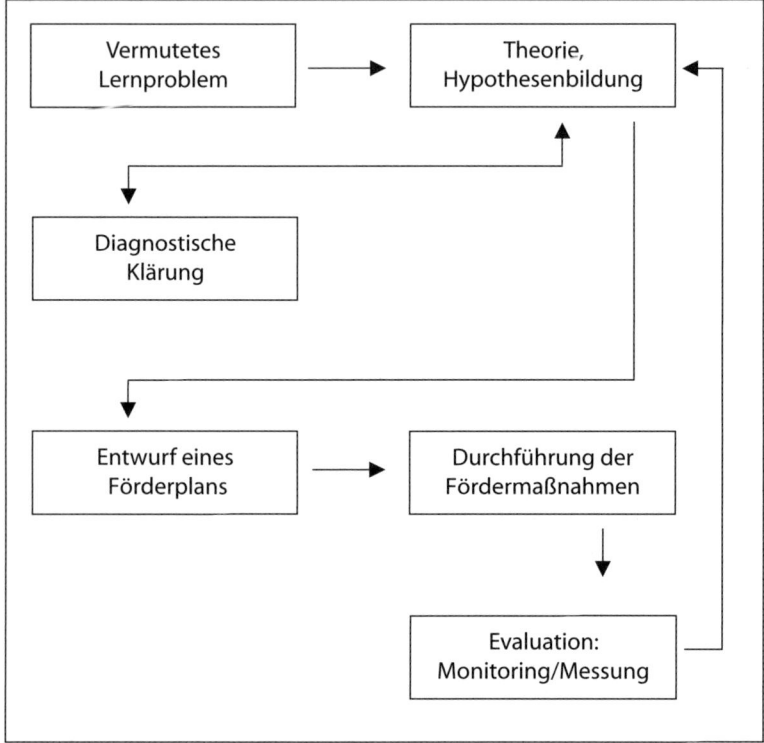

Abb. 10: Grundlegende Heuristik des Förderns (vgl. Kiper/Mischke 2004, 88)

Die in der Heuristik angegebenen Verfahrensschritte können von einer einzelnen Person ausgeführt werden. Es ist aber auch denkbar, diese Vorgehensweise gemeinsam mit allen Lehrkräften zu durchlaufen, die mit diesem Kind zu tun haben. Dies kann in einer Förderkonferenz geschehen. Dabei kann auch die Vorgehensweise der Fallbesprechung in der Lehrergruppe angewendet werden.

Das Konzept der multiplen Ursachen bei Lernproblemen

Treten Lernschwierigkeiten auf, werden theoretische Grundlagen zur Hypothesenbildung benötigt. Die impliziten Persönlichkeitstheorien von Lehrkräften gehen dabei oft von einem vereinfachten Modell aus, bei dem Faulheit, Interesselosigkeit und Begabungsmängel in Verbindung mit Undiszipliniertheit zu einem Fehlen von Lernanstrengungen führen. Es ist sinnvoll, von der Überlegung auszugehen, dass viele unterschiedliche Entwicklungen und Faktoren an der Herausbildung eines Erscheinungsbildes beteiligt sein können. Die Oberfläche einer Erscheinung gibt keine ausreichenden Hinweise auf die Abklärung der dahinter stehenden Verursachungsbedingungen. Betz/Breuninger (1998) haben darauf hingewiesen, dass im Verlauf der Entwicklung einer Lernschwierigkeit ein Zustandsbild entsteht, dem die ursprüngliche Lernschwierigkeit nicht mehr anzusehen ist. Die Verursachung wird meist aus einem Geflecht von Faktoren bestehen; nur in wenigen Fällen haben wir es mit einer monokausalen Struktur zu tun. Die Suche nach monokausalen Erklärungen ist auch für bereichsspezifische Störungen wie etwa Lese-Rechtschreibschwäche oder Rechenstörungen nicht erfolgreich. Diese Überlegungen zeigen, dass bei der Förderplanung von einem personenbezogenen Verursachungsmodell auszugehen ist, das mehrere Aspekte/Faktoren berücksichtigt. Es ist ein Fall zu konstruieren, um angemessene Handlungspläne zu entwickeln.

Zur theoretischen Durchdringung des Lernproblems einer Schülerin oder eines Schülers gehört eine sorgfältige Bedingungsanalyse der zu erbringenden Leistung. Bei dieser theoretischen und diagnostischen Aufgabe soll geprüft werden, welche Bedingungen als Erklärung für den vorliegenden Leistungsstand herangezogen werden können. Es wird ein Bedingungsmodell sowohl auf der Sach-/Inhaltsebene, als auch bezüglich der in der Person gegebenen Lernvoraussetzungen benötigt, das die Faktoren benennt, die als

Ursachen des Lernproblems infrage kommen. Es kann konkret darum gehen, durch geeignete Aufgabenstellungen und lautes Denken oder Fehleranalysen zu überprüfen, welche Komponenten oder Teilaspekte einer komplexen Leistung von einer Schülerin oder einem Schüler gekonnt oder nicht gekonnt werden, um so das genaue Ausmaß oder die besondere qualitative Ausprägung einer Lernschwierigkeit zu erfassen. Dabei ist es wichtig, die Teilkomponenten aus einem durchdachten Bedingungsmodells abzuleiten. Dieses kann auf der Inhaltsseite ein Kompetenzstufenmodell oder ein fachdidaktisches Lernentwicklungsmodell der fraglichen Domäne (Lesen, Schreiben, Rechnen) sein und auf der Lernerseite ein Modell der für diese Leistung notwendigen Teilleistungen oder Funktionsbereiche der Person. Eine Bedingungsanalyse ist eine diagnostische Aufgabe der Schule. Wir wollen die Vorgehensweise an einem Beispiel erläutern. In Fallschilderungen lesen wir z.B. den Befund:»Schüler X kann einen gelesenen Text nicht nacherzählen«. Für diesen Befund entwerfen wir ein Bedingungsmodell (Abb. 11), um die diagnostische Abklärung zu erörtern.

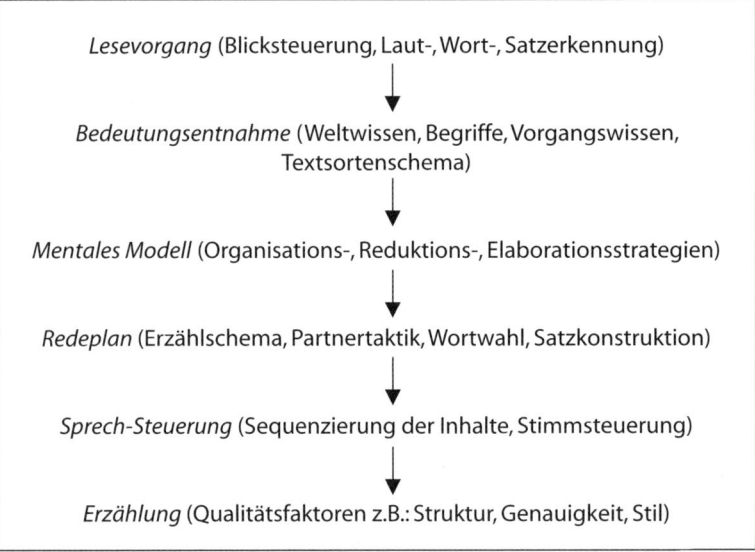

Abb. 11: Bedingungsmodell für die Fähigkeit, den Inhalt eines Textes erzählen zu können

Wir haben ein Ablaufschema der Prozessschritte dargestellt und angegeben, welche Wissensbestände oder Fertigkeiten für die Durchführung des jeweiligen Prozesses benötigt werden. Soll geklärt werden, woran es liegt, dass ein Schüler X den Inhalt eines vorgelegten Textes nicht wiedergeben kann, ist zu untersuchen, welcher dieser Teilprozesse nicht hinreichend gut verfügbar ist, ob das durch fehlende Inhalte (Text- bzw. Erzählschemata) oder unabgeschlossene Lernprozesse (Fertigkeit der sequenziellen Darstellung eines komplexen mentalen Bildes, Schritt für Schritt) bedingt ist oder ob im psychischen Apparat des Kindes fehlende oder nicht genügend entwickelte Teilleistungsstrukturen (z.B. fehlende Gedächtnisleistung) dafür verantwortlich sind. Durch Zerlegung der Aufgaben in Teilaufgaben und durch gezielte Hilfen bei der Bearbeitung kann die für Schüler X vorliegende Bedingungsstruktur seines Leistungsmangels ermittelt werden. Auf dieser Grundlage kann dann über Fördermaßnahmen nachgedacht werden. Dies ist eine von der jeweiligen Lehrkraft zu leistende Aufgabe, die durch fachdidaktische Unterstützung, etwa durch Entwicklung von Bedingungsmodellen für fachliche Leistungen, erleichtert werden kann.

Das Fallkonzept

Wir schlagen vor, das pädagogische Handeln zur Überwindung von Lernschwierigkeiten in Analogie zum klinischen Handeln in der Psychologie zu betrachten. Ein Abfolgeschema für die Fallformulierung und die Arbeit am Fall könnte so aussehen (vgl. Bruch 2000):

Phase 1: Problemdefinition
1. Problembeschreibung aus Sicht der Betroffenen (Lehrkräfte, Kind, Eltern).
2. Mitteilen der pädagogischen Veränderungswünsche/Ziele dieser Personen.
3. Gemeinsame Problembestimmung auf der Basis dieser Informationen.
Thema: Ein Prozess der Bewusstwerdung, der zu einem gemeinsamen Problemverständnis führt.

Phase 2: Exploration/Diagnostik

4. Entwicklung von Erklärungshypothesen.
5. Durchführung einer mehrdimensionalen Problemanalyse.
6. Diagnostik durchführen/Beobachtungsdaten sammeln, um Hypothesen zu überprüfen (z.b. Schulleistungen, Lernvoraussetzungen, intellektuelle Leistungsfähigkeit, funktionelle Beeinträchtigungen).

Thema: Schrittweise Verfeinerung des Bildes durch gezielte Analyse.

Phase 3: Problemformulierung

7. Problemformulierung und Erstellen von Interventionshypothesen.
8. Besprechung dieser Ergebnisse, evtl. Neuformulierung der Ziele.
9. Experimentelle Intervention zur Überprüfung der Problemformulierung und der Interventionshypothesen.

Thema: Entwicklung und Überprüfung von Hypothesen für eine adäquate Erklärung des Problems.

Phase 4: Planung und Durchführung der Intervention

10. Entwicklung/Adaption geeigneter Methoden.
11. Ausarbeitung des Interventionsprogramms/Förderplans.
12. Abschließen eines Vertrages, der die Rechte und Pflichten der beteiligten Personen während der Interventionsphase regelt.
13. Durchführung der geplanten Fördermaßnahmen.

Thema: Strukturierte pädagogische Praxis.

Phase 5: Evaluation

14. Die therapeutischen Veränderungen werden empirisch und verstehend evaluiert.
15. Erzielte Fortschritte werden konsolidiert, Generalisierung wird optimiert, flexible Anpassung an weitere Zielbereiche erfolgt, falls notwendig.
16. Therapeutische Interventionen, Aktivitäten und Ergebnisse werden wiederholt einer Bewertung unterzogen, überdacht und ggf. korrigiert.

Thema: Prozess einer empirisch überprüfbaren Kompetenzgewinnung.

Bei der Arbeit an einem Fall ist wichtig, die Erkenntnisse, die gewonnen wurden, schriftlich festzuhalten und Entwicklungsschritte zu dokumentieren.

Exkurs: Der Prozess des Verstehens

Karin Becker und Rainer Sachse (1998) zeigen (am Beispiel des Prozesses in der Psychotherapie), dass beim Verstehen mehrere Ebenen zu beachten sind und unterscheiden die Inhaltsebene, die Bearbeitungsebene und die Beziehungsebene.

Auf der *Inhaltsebene* geht es um die Informationen, die aus dem Alltag, den Gesprächen und den diagnostischen Situationen über die Lernschwierigkeiten und Probleme einer Person bekannt sind. Um hier ein angemessenes Verständnis aufzubauen, können folgende Leitfragen helfen:

- Was sind die Problembereiche der Schülerin oder des Schülers?
- Was sind die zentralen Problemaspekte?
- Wie konstruiert der Lerner seine Probleme?
- Welche Ziele strebt die Schülerin resp. der Schüler an?
- Welches sind die zentralen Ressourcen des Kindes?

Beim Verstehen auf der *Bearbeitungsebene* achtet die Lehrkraft nicht auf die Inhalte, sondern darauf, wie die Schülerin oder der Schüler mit relevanten Inhalten umgeht. Leitfragen können sein:

- Welche Perspektive nimmt das Kind bei der Bearbeitung seiner Probleme ein?
- Vermeidet es systematisch die Bearbeitung bestimmter Inhalte?
- Nimmt es sich Zeit, relevante Aspekte gründlich zu bearbeiten oder vagabundiert es von Thema zu Thema?

Bei der Verarbeitung der Information auf der *Beziehungsebene* wird darauf geachtet, wie die Schülerin oder der Schüler Beziehungen gestaltet, welche Erwartungen sie/er an andere Personen hat und wie sie/er in der Interaktion mit anderen handelt.

Das Nachdenken über das Kind mit dem Focus auf die Hinweise, die auf jeder der drei Ebenen gegeben werden, liefert Informationen für das Modell über den Lerner und sein Lernproblem. Es wird nicht möglich sein, alle Ebenen parallel zu bearbeiten; es wird ein flexibles Umschalten und selektives Abfragen auf jeweils einer Ebene vorherrschen. Die Verarbeitung der Informationen beim Verstehen kann als Wirkung zweier unterschiedlicher Verarbeitungsmodi gedeutet werden.

- *Im synthetischen Modus* wird versucht, die gegebene Information unter Rückgriff auf vorhandenes Wissen so weit wie möglich auszuschöpfen. Es werden Zusammenhänge hergestellt, Schlussfolgerungen gezogen, Informationen integriert und elaboriert, um zu einem Modell der Person zu kommen.
- *Im analytischen Modus* geht es um das Aufspüren von Lücken und Fehleinschätzungen. Dazu ist eine kritische Haltung gegenüber den Informationen nötig. Die Aufmerksamkeit liegt auf dem Aspekt des Prüfens der eigenen Informationsverarbeitung.

Beide Modi lassen sich nicht gleichzeitig einnehmen; es muss zwischen ihnen mehrfach flexibel umgeschaltet werden. Die beiden Modi können noch in verschiedenen Arten der Informationsverarbeitung abgewickelt werden, es kann sequenziell-analytisch oder intuitiv-holistisch vorgegangen werden. Geschieht das synthetische Arbeiten *sequenziell-analytisch*, werden begrenzte Informationsmengen genutzt, um explizite Schlussfolgerungen zu ziehen und Zusammenhänge zu konstruieren. Bei der *intuitiv-holistischen Synthese* kann eine große Informationsmenge gleichzeitig zu einem konsistenten Bild integriert werden. Bei analytischem Vorgehen mit sequenziell-analytischer Informationsverarbeitung werden genaue Detailanalysen vorgenommen. Informationen und Folgerungen werden schrittweise geprüft. Im intuitiv-holistischen analytischen Modus geht es um ein Gespür von Stimmigkeit/Unstimmigkeit durch das Einwirken lassen komplexer Informationen. Bei auftretender Irritation kann dann durch sequenziell-analytisches Vorgehen der Ursprung der bemerkten Unstimmigkeit gefunden werden. Es geht also um ein *Wechselspiel von Modellbildung und Modellprüfung.*

Das Fallbesprechungsmodell

Die Fallbesprechung ist ein Verfahren, um mit einer Gruppe von Personen einen Fall systematisch zu durchdenken und zu Lösungsvorschlägen zu gelangen. Die Fallbesprechung ist nützlich, weil mehrere Personen unterschiedliche Wissensbestände zur Analyse des Falles und unterschiedliche Beobachungsperspektiven einbringen können. Die Fallbesprechung als Verfahren muss daher einerseits Regeln für die Zusammenarbeit der Personen und andererseits für die Integration der Ideen beinhalten, damit eine angemessene Arbeit am Fall sich entfalten kann. Es ist ein Prozess der Gruppenarbeit an einem Problem zu organisieren. Es kann nach den Regeln von R. Cohn gearbeitet werden. Es ist günstig, eine Gesprächsleiterin zu benennen, die die Gruppe durch die einzelnen Schritte führt. Für die Strukturierung der Inhalte ist die Verwendung von Moderationsmethoden hilfreich.

Ein *Modell für den Gesprächsablauf* könnte aus folgenden Schritten bestehen:

1. Festlegung des Falles;
2. Schilderung der Ausgangslage durch eine Lehrkraft;
3. Rückfragen der Gruppe zur Verständnissicherung;
4. Gemeinsame systematische Analyse der Aspekte des gegebenen Falles;
5. Klärung der noch zu erhebenden Daten;
6. Entwurf eines Fall-Modells;
7. Entwicklung von Maßnahmen;
8. Ausführungsplanung;
9. Evaluationsplanung;
10. Blitzlicht zur Befindlichkeit der Teilnehmerinnen und besonders der Lehrkraft, die den Fall schilderte;
11. Terminplanung für ein Auswertungsgespräch/weitere Fallkonferenzen.

In der systematischen Bearbeitung eines Falles sind mehrere Fallkonferenzen in geeigneter Zeitfolge sinnvoll, um die Entwicklung der Schülerin resp. des Schülers beobachtend begleiten zu können.

Zur Planung von Interventionen

Minderleistungen können als vorübergehend oder dauerhaft, als isoliert oder allgemein klassifiziert werden. Sie können verschiedene Ursachen wie mangelnde inhaltliche Lernvoraussetzungen oder fehlende oder unzulängliche Lernaktivitäten zur Ursache haben. Es kann aber auch sein, dass die Erwartungen von Elternhaus und Schule sich stark unterscheiden. Vor der Planung von Fördermaßnahmen sollte geklärt werden, welche Lernstörung vorliegt und welche Interventionsziele angestrebt werden. Die Vorschläge zur Intervention werden in einem Förderplan zusammengefasst.

Zur Unterscheidung von Förderstrategien

Grissemann (1990) unterscheidet aus sonderpädagogischer Sicht fünf Varianten des Förderns, nämlich *behinderungsspezifisches* Fördern (z.B. bezogen auf Seh- und Hörschädigungen), *korrektives* Fördern (z.B. Maßnahmen zur Überwindung von Schulangst, sozialer Unsicherheit), *komplementäres* Fördern (z.B. Aufbau von Kommunikationskompetenz), *defizitexternes kompensatorisches* Fördern (z.B. günstiger Einfluss von Erfolgserlebnissen in anderen Lernbereichen auf das Lesen und Schreiben bei Kindern mit Lese-Rechtschreib-Schwierigkeiten), *defizitinternes rehabilitativ-kompensatorisches* Fördern (z.B. systematisches Training bezogen auf bestimmte Lernschwierigkeiten). Diese Varianten des Förderns zeigen auf, welche Möglichkeiten prinzipiell bestehen, um mit einer Lernschwierigkeit umzugehen.

Der Förderplan

Ein Förderplan (in Anlehnung an Suhrweier/Hetzner 1993) sollte enthalten:

- eine Analyse der Lernvoraussetzungen,
- Hypothesen zur Verursachung der Lernschwierigkeit,

- zu erreichende Ziele mit Teilzielen,
- Kennzeichnung der Bedingungen, die verändert werden müssen,
- Beschreibung der angemessenen Fördermaßnahmen,
- didaktisch-methodische Hinweise,
- Angaben zu den Möglichkeiten der Realisierung der Fördermaßnahmen.

Unter Hypothesen werden hier Annahmen verstanden, die als Leitlinie für die weitere Tätigkeit dienen. Sie werden provisorisch als gültig angesehen. Unter experimentellem Vorgehen ist gemeint, dass diese Annahmen im pädagogischen Handeln z.B. durch Variation des Vorgehens oder der Bedingungen überprüft, beurteilt und bewertet werden, um dann beibehalten oder verworfen zu werden.

Strategien zur Entwicklung von Förderangeboten

Die optimale Strategie zur Entwicklung von Förderangeboten hat in zusammenfassender Sicht folgende Zugänge zu bedenken:

Ebene des Unterrichts:
1. Analyse der Sachstruktur der Lernaufgabe;
2. Analyse der Lernstruktur;
3. Unterrichtsqualität und Lernzeit;
4. moderierende Faktoren, z.B. Klassenklima.

Personenebene:
5. interne Faktoren: Instruktionsverständnis, Vorwissen, Motivation;
6. Informationsverarbeitungsprozesse der Schülerin oder des Schülers, Strategien;
7. Fähigkeitsdefizite (Teilleistungsstörungen);
8. Ressourcen des Kindes;
9. Selbstkonzept;
10. Emotionsverarbeitung (z.B. Ängste).

Lernökologie:
11. Kind-Umfeld-Analyse.

Hierbei ist zu bedenken, dass beim Fördern der Ansatzpunkt der Intervention nur selten beim aktuellen Lernproblem liegt. Damit ein solider Kenntnisstand aufgebaut werden kann, ist die Aufbaufolge der Vorkenntnisse zu bedenken, um in einem zweiten Anlauf das Lernproblem erfolgreich zu bewältigen. Dazu ist ein Rücksprung in der Lernentwicklung nötig, um genügend stabile Vorkenntnisse als Ausgangspunkt und/oder Ressource nutzen zu können. Daher ist durch Überprüfung der vorhandenen Vorkenntnisse eine Diagnose der nutzbaren Kompetenzen des Kindes nötig (vgl. Abb. 12).

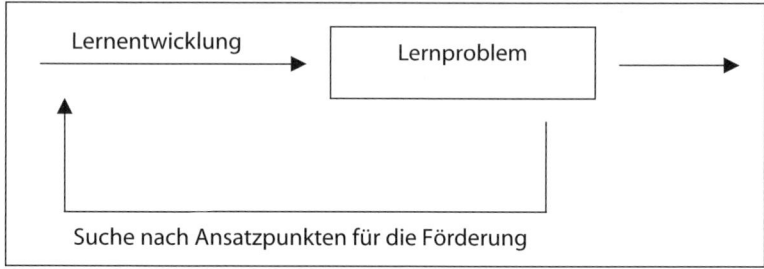

Abb. 12: Rücksprung in der Lernentwicklung

Bei der Entwicklung von Förderplänen kann auf das Wissen über Faktoren der Schulleistung zurückgegriffen werden. An einem kleinen Beispiel soll auf die angemessene Berücksichtigung des Wissens über Teilleistungsschwächen eingegangen werden. Es ist bekannt, dass bei Kindern, die unter einer Rechenschwäche leiden, oft eine verminderte Größe des Kurzzeitspeichers vorliegt. Beim Aufbau mathematischer Operationen wäre demnach bei diesen Kindern nach einem methodischen Vorgehen zu suchen, das nur eine geringe Auslastung dieses Systems fordert. Nach Wellenreuther (2004, 90f.) ist es in Anlehnung an die Theorie der Überlast des Arbeitsgedächtnisses (Sweller et al. 1998, zitiert nach Wellenreuther) in diesen Fällen günstig, die Methode des Nachvollzugs ausgearbeiteter Lösungsbeispiele einzusetzen, die sehr viel weniger Belastungen des Arbeitsgedächtnisses mit sich bringt als das selbstständige Entdecken eines Lösungswegs. So wird die gewünschte Operation dennoch sicher aufgebaut.

Lernförderliches Lehrerhandeln

Will man durch Unterricht dazu beitragen, dass Schülerinnen und Schüler ihr Lernen optimieren und der Entstehung oder Vertiefung von Lernschwierigkeiten entgegenwirken, geht es um die Steigerung der Intensität und Qualität von Lernhandlungen. Hilfreich für die Lernenden kann folgendes Handeln der Lehrkraft sein:

→ die Unterstützung des Erwerbs notwendigen Vorwissens und kognitiver Strategien der Verarbeitung durch systematisches Nachlernen,
→ die Einführung von Hilfen zur Informationsverarbeitung,
→ die Einführung von regelmäßigen Feedbacksystemen zur Verstärkung des Lernverhaltens,
→ die systematische Vermittlung bereichsspezifischer Lernstrategien durch ein angemessenes Modellverhalten, systematische Anleitung, Hilfestellung und ausgedehntes Üben,
→ die Förderung der eigenständigen Handlungsregulation, bei der die Lernenden die Fähigkeit entwickeln, die zur Bewältigung einer Aufgabe notwendigen zielführenden und aufeinander aufbauenden Handlungsschritte zu erkennen und umzusetzen,
→ die Stärkung der Selbstwirksamkeitsüberzeugungen der Lernerinnen und Lerner durch Übernahme von Selbstverantwortung, Lernstrategieerwerb, Motivation, Selbstkontrolle und
→ der Abbau abträglicher Interaktionsmuster und der Aufbau förderlicher Interaktionsmuster.

Liegen grundlegende *Lernrückstände* vor, kann ein Lerner die Lernangebote nicht systematisch nutzen. Die Lehrkraft muss sich darauf konzentrieren, inhaltliche Kenntnisse und bereichsspezifisches Wissen durch den *Lerner* erwerben zu lassen. Dies kann mit der Vermittlung von Regeln für den systematischen Aufbau des Wissens einher gehen. Wenn *Lernende* systematisch und für sie kalkulierbar Rückmeldungen über die Richtigkeit ihrer Lernergebnisse erhalten, wird der Lernprozess befördert.

Aufgaben, bei denen Lerner planen, sich selbst steuern und überwachen sollen, sind für Kinder mit Lernschwierigkeiten oft kompliziert. Hilfreich kann sein, handlungsstrukturierende Fragen zur Bearbeitung von Aufgaben zu geben, die ihnen bei der Strukturierung ihres Vorgehens helfen. Solche Fragen können darauf zielen, die Aussagen in einem Text gezielt zu erfassen, sich die Aufgabenstellung zu verdeutlichen und bei Schwierigkeiten auf schon gelernte Strategien zurückzugreifen. Hilfreich ist das Vermitteln von Anleitungen zum Vorgehen und das Verankern selbstwirksamer Orientierungen (angemessene Selbstinstruktion). Außerdem gilt es, das Lernen zu überwachen, sofort und explizit Feedback zu geben und die Lernerfahrungen zu reflektieren. Lehrkräfte können Schülerinnen und Schülern aufgabenspezifische *Lernstrategien* vermitteln. Zu zielgerichteten Prozessen zur Lösung von Aufgaben gehören *Elaborationsstrategien* (Generierung eines sinnvollen Satzes, eines mentalen Bildes), *Organisationsstrategien* (Herausarbeiten wesentlicher Gedanken, Fakten und Zusammenhänge) und *Wiederholungsstrategien* (Benennen von Einzelelementen eines zu lernenden Inhalts). Dazu ist es sinnvoll, die Strategie zu erklären, sie modellhaft vorzumachen und jeden einzelnen Schritt verbal zu erläutern. Es schließt sich ein Üben an, das nach den Prinzipien der Selbstinstruktion erfolgen sollte. Der *Lerner* übernimmt schrittweise die Anleitungen der Lerntrainer. Später kommt es zur Strategieanwendung in Form eines inneren Dialogs, dann zum automatisierten Ausführen der erlernten Strategie. Es ist sinnvoll, die Strategie anhand unterschiedlicher Beispiele einzuführen und anwenden zu lassen. Strategieerwerb und -anwendung sind leichter, wenn ein auf die Interessen des *Lerners* abgestimmtes Aufgabenmaterial verwendet wird. *Metakognitive Strategien* werden durch Erkenntnisdialoge zwischen Lehrkraft und *Lernenden* vermittelt (vgl. Prell 2000).

Lernstrategien verhelfen dazu, komplexe Probleme in bearbeitbare Teile zu zergliedern, um sie dann schrittweise zu lösen. Auch die Fähigkeit zur Ausgangs- und Zielanalyse, das Vorgehen beim Lernen und die Steuerung des Lernvorgangs gehören dazu. Zur Vermittlung von Lernstrategien kann sich die Lehrkraft auf Techniken der kognitiven Verhaltensmodifikation (Selbstinstruktion, kognitives Modellieren, heuristische Erkenntnisdialoge) und auf instruktionspsychologische Vorgehensweisen (bildliche Veranschaulichung, Kurzvorträge, Modelldemonstrationen) stützen. An mehrschrittigen Aufgaben werden allgemeine resp. inhaltsspezifische Vorgehensweisen vermittelt. *Gelenkte Selbstreflexionen* helfen dabei, das Lernen selbst zum Mittelpunkt von Reflexion, Schlussfolgerung und Planung zu machen.

Katja Mackowiak zeigt, wie *Lernerinnen* und *Lerner* eine *bereichsübergreifende Lernstrategie* erwerben können. Zunächst geht es darum, dass sie die Aufgabe verstehen und das Lernziel erkennen. Die Lehrkraft muss den Lernenden dabei anleiten, darüber nachzudenken, was von ihm erwartet wird. Dazu kann z.b. die Aufgabe vorgelesen und die Informationen und das Problem mit eigenen Worten wiedergegeben werden. Im zweiten Schritt wird der Lernende aufgefordert, Hypothesen über den Lösungsweg und über Art und Anzahl der Schritte zur Problemlösung zu formulieren. Dabei können die Ideen für den Lösungsweg notiert und Alternativen herausgearbeitet werden. Dann entscheidet sich der Lernende für die Wahl eines Plans. Anschließend sind Handlungsschritte auszuwählen und durchzuführen. Dabei sind Hilfen für die Verwendung bereichsspezifischer Strategien zu geben (Rechnen, Schreiben, Zeichnen) und evtl. weitere Unterstützung anzubieten. Der Lösungsprozess sollte vom *Lerner* überwacht werden, z.B. durch Überprüfung der gewählten Strategien und Lösungen und Formen der Handlungsregulation (vgl. Mackowiak 2004, 151ff.).

Wenn Lernschwierigkeiten mit *Strategiedefiziten* und *fehlender Metakognition* zusammenhängen, ist zu klären, wie Strategieerwerb gefördert werden kann. In einem Übersichtsartikel haben Voss und Wiley (1995) zusammengestellt, was über den Erwerb von domänenspezifischen und allgemeinen Strategien an empirisch belegbaren Kenntnissen vorliegt. Für die einzelnen Domänen (Mathematik, Physik, Geschichte) gibt es Hinweise darauf, dass die Verankerung der Aufgabenstellung in realistischen Weltereignissen, die explizite Bearbeitung von naiven und intuitiven Konzepten der *Lernerinnen* und *Lerner*, die intensive argumentative Auseinandersetzung über die Angemessenheit des Vorgehens und der verwendeten Konzepte und eine klare Struktur der Abläufe hilfreich sind. Das gilt besonders für schwache Lernende.

Die Motivation der Lernenden kann gestärkt werden, wenn sie dazu aufgefordert werden, ein realistisches Anspruchsniveau zu entwickeln und irrationale und sie hindernde Überzeugungen umzustrukturieren. Beim Lernen ist ein informatives Feedback zu den einzelnen Lernschritten sinnvoll. Im Lehr-Lern-Dialog sollten förderliche Selbstbewertungen auf der Grundlage realistischer Zielsetzungen aufgebaut werden.

Die Lehrkraft leitet die Schüler an, Prozesse der Planung, Steuerung und Durchführung von Lernhandlung zu kontrollieren. Das Modell der exekutiven Kontrolle umfasst Überwachungsprozesse und Kontroll- und Steuerungsprozesse. Bei den Überwachungsprozessen geht es um die Bestimmung des Lernstatus im Hinblick auf die zu bewältigende Aufgabe durch das Festlegen von Lernzielen und eines Planes, um das Lernziel zu erreichen, das Ermitteln der Schwierigkeitsgrade des Lernstoffes und die Auswahl von Materialien und Lernstrategien. Außerdem ist ein Zeitplan zu schreiben. Während des Lernens ist durch Überwachungs- und Kontrollprozesse zu bestimmen, inwiefern der Lernstoff schon beherrscht wird. Soll der Lernstoff über eine lange Zeit behalten werden, sind Selbsttests erforderlich, denen Wiederholungen folgen (vgl. Lockl/Schneider 2004).

Lehrkräfte sollten sich um die Herstellung eines Verhältnisses positiver Interdependenz zwischen Schule und Elternhaus bemühen. Dazu können sie den Eltern Anleitungen geben, wie sie ihr Kind zu Hause fördern können.

Organisatorische Formen der Förderung

Frühförderung vor Schulbeginn

In der Literatur werden empirisch bestätigte Erfolge von Frühfördermaßnahmen berichtet. Die Erforschung der Lese- und Schreiblernprozesse hat z.B. die Bedeutung der Lernvoraussetzung phonologische Bewusstheit, Aufmerksamkeit und Gedächtniszugriff gezeigt. Werden Kindergartenkinder, deren Lernvoraussetzungen als unzureichend diagnostiziert wurden (unter Verwendung des Bielefelder Screening Tests) vor Schulbeginn mit einem Trainingsprogramm (Würzburger Trainingsprogramm: Hören, Lauschen, Lernen) gefördert, kann die Ausgangslage so gebessert werden, dass der schulische Erwerbsprozess erfolgreich verläuft (Jansen 2003). Solche imponierenden Fördereffekte auf dem Hintergrund von theoretisch geklärten Zusammenhängen von Vorläuferfähigkeiten und späterem Lernerfolg, bei vorhandenem Diagnostikverfahren und passgenauem Förderprogramm, sind bei späterem Eingreifen nicht mehr so leicht zu erreichen. Zu einem späteren Zeitpunkt machen hinzukommende Folgeprobleme das Störungsbild schwerer erfassbar. Es ist dann nicht mehr so leicht möglich, eindeutige Aussagen über erfolgversprechende Fördermaßnahmen im Rückgriff auf Theorien zu treffen.

Förderung im Regelunterricht

Um bei einem vorliegenden Lernproblem nach Klärung des Förderbedarfs Hilfestellungen mit schulischen Mitteln anzubieten, können Kinder mit Lernstörungen im Regelunterricht spezifische Lernangebote erhalten. Dazu müssen Formen innerer Differenzierung praktiziert werden. Wolfgang Klafki und Hermann Stöcker (1982) haben ein Raster entworfen, das eine Anleitung zur inneren Differenzierung gibt. Der Lernprozess gliedert sich in dieser Sicht nach:

1. Stoffumfang und Zeitaufwand;
2. Komplexitätsgrad und Niveau der Anforderungen;
3. Anzahl der erforderlichen Wiederholungsdurchgänge;
4. Notwendigkeit direkter Hilfen bzw. Grad der Selbstständigkeit;
5. Inhaltliche und methodische Zugänge bzw. Vorerfahrungen;
6. Kooperationsfähigkeit der Schüler untereinander.

Der Schulpädagoge Manfred Bönsch verdeutlicht, dass die eigentliche Aufgabe nicht in der Planung, Durchführung und Auswertung des Unterrichtsprozesses besteht, »sondern in der Inszenierung von 20–25 individuellen Lernprozessen (je nach Klassengröße), also in der Adaptation der Lernaufgaben an die Lernmöglichkeiten jedes einzelnen Schülers und in der Diagnose der Lernfortschritte/Lernschwierigkeiten, die in der konkreten Lernarbeit entstehen, um daraufhin die weiteren Lernbemühungen adäquat dimensionieren zu können. Damit ist klar, dass Differenzierung das Grunddiktum allen Unterrichtens ist« (Bönsch 2000, 147).

Angesichts der Gefahr der Überforderung ist bei der Planung von notwendigen Differenzierungsmaßnahmen ein pragmatischer Mittelweg zu wählen, der jeweils, abgestimmt auf die personalen Möglichkeiten der Lehrkraft, zu entwerfen ist.

Besonderer Förderunterricht

In der Regel werden in der Schule für Kinder mit fehlenden Lernvoraussetzungen, Wissenslücken oder Lerndefiziten besondere Fördermaßnahmen angeboten. Dabei sind Aufgaben zu wählen, die das Kind nicht überfordern und ihm adäquate Hilfen geben. In der Regel wird eine kleinere Anzahl Kinder in besonderen Lerngruppen zusammengefasst. Gerald Matthes beschreibt ein sinnvolles Vorgehen, das aus vier Schritten besteht, nämlich Auswahl der Schülerinnen und Schüler und konzeptionelle Planung, förderdiagnostische Untersuchung, Definition der Ziele zur individuellen Lernförderung und Förderplanung und Durchführung der Förderung (Matthes 2004, 414). Dazu werden zunächst Kinder mit Förderbedarf festgestellt, angemessene Fördergruppen eingerichtet und Vereinbarungen über die Zusammenarbeit von Fachlehrerin und Förderlehrkraft getroffen. Die förderdiagnostische Untersuchung zielt auch darauf, einen Überblick über das Vorwissen und die Lernstrategien des Kindes zu erhalten. Auch die vom Kind gewählten Lösungswege und Lösungsstrategien und seine handlungsbegleitenden Gedanken werden erfasst. Auf dieser Grundlage werden angemessene diagnostische Lernaufgaben ausgewählt, die dazu beitragen sollen, ein besseres Lernausgangsniveau für ganze Lernbereiche zu erzielen. Die Förderziele werden in Form konkreter Lernaufgaben und Kriterien zur Bestimmung von Lernfortschritten festgelegt. Auf dieser Grundlage wird die konkrete Förderung (in bestimmten Phasen des Unterrichts oder im Förderunterricht) geplant. Grundprinzipien dieser Förderung sind das Einlassen auf das individuelle Lerntempo des Kindes, zielerreichendes Lernen und maßgeschneiderte Lernhilfen. Die Aufgaben werden an den Kenntnisstand des Kindes angepasst; sie enthalten solche Schwierigkeitsgrade, dass das Kind sie bei hinreichender Anstrengung meistern kann. Das Kind erhält persönliche Zuwendung im Rahmen eines förderdiagnostischen Unterstützungsdialogs. Es wird in kleinen Lernschritten gelernt. Dem Kind werden kontinuierliche Erfolgsrückmeldungen gegeben. Es wird mit wenigen, gut überschaubaren Arbeitsmitteln und Lernhilfen gearbeitet. Der Förderunterricht wird auf der Grundlage einer verlaufsorientierten Lerndiagnostik durchgeführt (vgl. Matthes 2004, 418).

Einbeziehen der Eltern in die Förderung ihrer Kinder

Wir können davon ausgehen, dass die kontextuellen Bedingungen eines Kindes Einfluss auf seine Leistungsfähigkeit haben. Oftmals formulieren Eltern nicht nur hohe Aspirationen, sondern sind bereit, das Kind beim Lernen zu unterstützen. Dabei sollten die Eltern nicht schulische Lern- und Leistungssituationen verdoppeln, sondern ihre besonderen Möglichkeiten und Ressourcen erkennen und ein von der Schule abweichendes Setting bereitstellen. Die besonderen Chancen häuslichen Förderns sind gegenüber den schulischen Möglichkeiten zu markieren und zur Unterstützung der Lernerinnen und Lerner zu nutzen.

Wir entfalten diese Idee am Beispiel der *Hausaufgaben*, weil diese an der Nahtstelle von Schule und Elternhaus angesiedelt sind. Bezogen auf die erzieherische Funktion der Hausaufgaben können die Eltern ihr Kind dabei unterstützen, eine Struktur beim Lernen zu entwickeln (Festlegung von Lernzeiten; Abschirmung gegen Ablenkungen; Hilfen beim Regulieren und Überwachen des Lernprozesses; Regulieren der Emotionen; Vermeiden des Hin- und Herspringens zwischen verschiedenen Tätigkeiten), ihren Kindern Materialien bereitstellen und sie bei Misserfolgen unterstützen. Hausaufgaben und häusliches Lernen sollten in spielerischen und informellen Lehr-Lernarrangements geschehen. Dabei ist ein elterliches Verhalten hilfreich, das darauf zielt, kindliche Explorationsaktivitäten durch geeignete Impulse zu stimulieren, das Kind differenziert wahrzunehmen und sowohl auf emotionaler wie kognitiver Ebene feinfühlig und emotional zugewandt zu reagieren, seine Lernprozesse lenkend zu begleiten und dabei auf die Fähigkeiten und Probleme des Kindes einzugehen (vgl. Wild 2004). Vier Strategien sind dabei besonders relevant, nämlich

- eine *autonomieunterstützende Hilfe* durch Förderung der Eigenverantwortung und Selbstbestimmung des Kindes, Unterstützung des selbst regulierten Lernens, Förderung selbst bestimmter Problemlösungen und Herausbildung von Strategien zum Umgang mit Anforderungen,
- *strukturgebende Aktivitäten* durch Hilfestellungen zur selbstständigen Auseinandersetzung mit schulischen Inhalten,
- *emotionale Unterstützung* durch Signalisieren eines Interesses an schulischen Belangen und grundsätzlicher Unterstützung, Gewährung von Ansporn, Hilfe und Trost und
- *niedriger Leistungsdruck.*

Die Stärke der häuslichen Lehr-Lern-Prozesse sehen wir in folgenden Aspekten, nämlich im

- Gewähren von Struktur und im Abschirmen der Außenreize und in der Förderung von Motivation und Volition;
- Ermöglichen der eigenständigen Rekapitulation neu erworbenen Wissens durch das Kind in Gesprächen, ohne dass es Unterlagen heranzieht oder jemanden fragt und im Gewähren von Hilfen beim Konsolidieren des Gelernten;
- Gestalten des Lehr-Lern-Prozesses als dyadische Interaktion und im Anpassen der Aufgabenanforderungen an die Vorkenntnisse des Kindes;
- Gewähren von Hilfen zum Verstehen und zur vertieften Auseinandersetzung mit den Lernaufgaben;
- Einräumen von genügend Lernzeit für das einzelne Kind und im Entwickeln von Toleranz für Langsamkeit; im Eingehen auf das Lerntempo des Kindes und im Ermöglichen von Wiederholungsschleifen;

- Gewähren von Rückmeldungen über die Ergebnisse des Lernens und im Würdigen des Lernfortschritts des Kindes unter Berücksichtigung seiner Fähigkeiten und Kompetenzen (Orientierung an der individuellen Bezugsnorm);
- Anpassen der elterlichen Hilfe an die jeweiligen Bedarfe (z.b. Nachlernen; Klärung von Verständnisschwierigkeiten; Hilfen beim Wiederholen und Üben; Vorbereiten von Klassenarbeiten);
- Fördern des Kindes in der »nächsten Zone der Entwicklung« und
- Eingehen auf die Interessen des Kindes; im Ermöglichen von Kompetenzerlebnissen.

Die Schule sollte die Eigenständigkeit elterlichen Umgangs mit schulischen Erwartungen fördern. Die Qualität des Lernprozesses und seiner Gestaltung kann wichtiger sein als die kurzfristig erzielten Lernergebnisse. Dabei ist elterliche Feinfühligkeit und Responsivität bedeutsamer als die Verdoppelung der Vorgehensweisen im Unterricht. Von daher sollte die Schule nicht kontrollierende und bestrafende Verhaltensweisen der Eltern einfordern, kann dies doch zur Eskalation von Konflikten beim häuslichen Lernen mit der Folge ungünstiger Selbsteinschätzung und abnehmender Lernfreude und Lernmotivation führen. Stattdessen sollten Lehrkräfte Eltern in ihrem eigenständigen Umgang mit ihren Kindern unterstützen und die Chancen aus den unterschiedlichen Funktionslogiken beider Institutionen nutzen.

Einwirken und soziale Interaktion

Unterricht ist auch ein soziales Geschehen. Lehrerinnen und Lehrer müssen bei der Planung und Realisierung von Unterricht daher auch die sozialen Interaktionen bedenken bzw. steuern. Interaktion wird dabei als Vorgang der wechselseitigen Beeinflussung von Menschen verstanden. Interaktion besteht aus den beobachtbaren Handlungen der Menschen; Kommunikation ist dabei der Transport von Inhalten und Bedeutungen (Delhees 1994). Der Interaktionscharakter des Geschehens wird oft als Argument dafür angeführt, dass es keine Möglichkeit des zielerreichenden Handelns für Lehrkräfte geben könne. Wird damit gemeint, dass es keine Handlungen beim Unterrichten oder Erziehen gibt, die mit absoluter Sicherheit den Erfolg sichern, ist dem zuzustimmen. Die fehlende Sicherheit ist aber kein Argument dafür, dass es kein professionelles, wissenschaftlich begründetes Handeln mit Aussicht auf Wirkung gibt.

Grundlagen professioneller Handlungsfähigkeit

Aus systemtheoretischer Sicht (Luhmann/Schorr 1982) wird die Argumentation entfaltet, dass ein prinzipiell unüberwindliches Technologiedefizit bestehe, weil es sich bei Menschen um Systeme handele, die gegenüber ihrer Außenwelt informatorisch geschlossen seien, die daher kein veritables internes Abbild der Außenwelt haben könnten. Dieses Argument ist zurückzuweisen, da die axiomatische Annahme der Geschlossenheit contrafaktisch ist (Nüsse u.a. 1991). Außer erkenntnistheoretischen Überlegungen sprechen die nachweisbaren frühkindlichen Austauschprozesse zwischen Mutter und Kind und die Möglichkeit der Schaffung sozialer Tatsachen

(Searle) gegen diese Auffassung. Hier wird die Position eines kritischen Realismus vertreten. Menschen haben danach zwar keinen direkten Zugang zu den Dingen an sich, aber ihre Ausstattung mit Grundkategorien der Wahrnehmung und des Denkens erlaubt ihnen eine Konstruktion der Wirklichkeit, die zur Erkenntnis relevanter Aspekte der Welt befähigt und die Entwicklung von Technologien erlaubt. Die soziale Welt und das Erleben anderer Personen sind ein besonderer Gegenstand der Erkenntnis, weil es dabei um Sachverhalte geht, die mit dem klassischen Erkenntnisinstrument der Naturwissenschaft, der Analyse kausaler Abhängigkeiten, nicht angemessen erfassbar sind.

Unterrichten – Erziehen – Einwirken

Die Unterrichtstheorie muss die Grundlagen der professionellen Handlungsfähigkeit klären. An den Grundbegriffen *Unterrichten* und *Erziehen* wollen wir dies aufzeigen. Wir gehen zunächst von gegebenen Definitionen aus. *Unterricht* (vgl. Wehle 1973) soll als ein aus dem Zusammenhang des Lebens ausgegliederter Lehr-Lern-Prozess verstanden werden, in dem über den konkreten Lernanlass hinaus komplexere Sachzusammenhänge durch eine Lehrkraft an eine oder mehrere Schülerinnen und Schüler vermittelt werden, wobei das Interesse des Lehrenden nicht nur auf die Präsentation der Lehrinhalte, sondern auch auf die Aneignung durch den Schüler und eine darauf bezogene Erfolgskontrolle gerichtet ist. Unter *Erziehen* (vgl. Brezinka 1977, 70f.) werden Handlungen verstanden, durch die Menschen versuchen, das Gefüge der psychischen Dispositionen eines anderen Menschen in irgendeiner Hinsicht dauerhaft zu verbessern oder seine als wertvoll betrachteten Bestandteile zu erhalten oder die Entstehung von Dispositionen, die als schlecht bewertet werden, zu verhüten. Sowohl Unterrichten als auch Erziehen sind demnach intentionale Handlungen, die in sozialer Interaktion erfolgen, eine Förderabsicht beinhalten und Versuchscharakter haben. Die verfolgten Ziele und die Maßnahmen sind dabei keine Privatangelegenheit von Lehrkräften; sie sind gegenüber den betroffenen Schülerinnen und Schülern, deren Eltern und der Gesellschaft zu legitimieren. *Einwirkung* ist als notwendige Grundkategorie des Erziehens und des Unterrichtens anzusehen (Ludwig 2000). Das Argument, Erziehung mache den Zögling zum Objekt und sei daher als Herrschaft abzulehnen, muss zurückgewiesen werden, weil zum Erfolg die Mitwirkung des Zöglings nötig ist, da es sich um ein interaktives und nicht um ein herstellendes Geschehen handelt. Die Freiheit des Zöglings (vgl. Dennett 1984; Bieri 2001) ist dabei kein Argument, das Erziehung unmöglich macht, denn trotz der Freiheit des Gegenübers ist intentionales erfolgsorientiertes Handeln des Erziehers resp. der Erzieherin möglich. Selbsttätigkeit schließt keineswegs eine erfolgreiche Einwirkung aus. Es darf dabei nicht an eine Kausalität im naturwissenschaftlichen Sinne gedacht werden, die weder beim Unterrichten noch beim Erziehen eine Rolle spielt. Fehlen von Kausalität schließt Einwirkungsmöglichkeiten keineswegs aus.

Einwirkungsmöglichkeiten

Betrachten wir die Begründungslogik etwas genauer. Um einwirken zu können, bedarf es einer Regelhaftigkeit des Geschehens, die technologisch genutzt werden kann. Die Grundlage der Regel ist zunächst ohne Bedeutung. Machen wir uns dies an einem Regelspiel wie »Mensch ärgere Dich nicht« klar. Um in diesem Spiel zu gewinnen, kann ein Spieler unter Beachtung der Regeln einen persönlichen Handlungsplan entwickeln, obwohl durch das Element des Würfelns dem Erfolg seiner Pläne Grenzen gesetzt sind. Die Bedeutung des Plans wird dadurch sichtbar, dass Personen mit unterschiedlichen Plänen unterschiedliche Gewinnchancen haben. Wer z.B. die Möglichkeit des Herauswerfens der Figuren der Mitspieler absichtlich vermeidet, wird seltener gewinnen. Die Nutzung von Regeln, um Ziele zu erreichen, setzt keine Kausalität, sondern nur funktionale Zusammenhänge voraus.

Diese Überlegungen lassen sich an einem Erziehungsbeispiel verdeutlichen. Bei kleinen Kindern kann ab einem bestimmten Alter das Phänomen des Trotzes beobachtet werden. Damit ist ein Verhalten gemeint, bei dem sich das Kind dem Willen der Erwachsenen aktiv widersetzt. Dies kann als Beleg für die Fähigkeit der aktiven Handlungsplanung des Kindes gesehen werden und als Bestreben, die eigene Handlung gegen Eingriffe von außen abzuschirmen. Will der Erwachsene mit Kindern dieses Entwicklungsstands umgehen und diese zu Handlungen bewegen, die erzieherisch begründet sind, kann aus den oben erläuterten Regelhaftigkeiten eine die Handlung leitende technologische Regel abgeleitet werden: Soll ein Kind (im Trotzalter) zu einer vom Erzieher für nötig gehaltenen Handlung veranlasst werden, ist dem Kind die Möglichkeit einzuräumen, die aktuell laufende eigenständig betriebene Handlung zu Ende zu bringen oder in geeigneter Weise zu unterbrechen. Spielt beispielsweise ein Kind mit Legosteinen und baut etwas und seine Mutter möchte, dass das Kind zum Essen kommt, wird sie unter Anwendung dieser Regel etwa in folgender Weise einwirken. Sie wird das Kind entweder fragen, wann beim Bauen eine Unterbrechung möglich ist, weil ein Teilziel erreicht wurde, oder sie wird mit dem Kind darüber sprechen, dass Bauleute eine Pause brauchen und fragen, ob das Kind den Bauleuten eine Pause in den nächsten Minuten ankündigen könne. Gelingt es, die gemeinsame Essenspause in den Handlungsvollzug des Kindes zu integrieren, wird eine Unterbrechung der kindlichen Handlung ohne Trotzreaktion möglich sein. Der Eingriff muss die Mitwirkung des Kindes einplanen. Gezielte Einwirkung ist bei Akzeptanz der Freiheit des anderen möglich, wenn Kenntnisse über funktionale Abhängigkeiten genutzt werden.

Die formale Struktur der Einwirkung

Diese Struktur kann auch formal beschrieben werden: Wenn eine funktionale Abhängigkeit besteht, also in einer Situation A gilt, dass – wenn X eintritt, dann Z folgt, falls nicht B auftritt – kann daraus eine technologische Regel abgeleitet werden: Soll Z in einer Situation A entstehen, dann stelle X her und vermeide dabei B. Die Wirkung der Anwendung dieser technologischen Regel bleibt aus, wenn es Fehler bei der Äquivalenzprüfung gab, wenn also die Situation A keineswegs, sondern eine andere Situation existiert oder die getroffene Maßnahme keine vom Typ X ist. Falls gleichzeitig und parallel mehrere Prozesse in einer Situation ablaufen, kann die Wirkung eines Eingriffs dadurch gemindert oder verhindert werden, dass der Prozessteil, auf den einzuwirken versucht wurde, nicht der zentrale ist; dann sind andere Maßnahmen wirkmächtiger.

Diese Überlegungen zeigen, dass weder die nicht immer zu erreichende Erfolgssicherheit einer Maßnahme, noch die fehlenden kausalen Verhältnisse die Möglichkeiten professionellen Handelns beim Erziehen oder Unterrichten zum bloßen Sprachspiel oder Mythos machen. Die Existenz funktionaler Beziehungen zwischen Abläufen reicht aus, um technologische Regeln des Einwirkens abzuleiten und damit gezieltes Eingreifen zu ermöglichen. Die Herkunft der Regelhaftigkeiten oder funktionalen Abhängigkeiten aus Rechtslagen, sozialen Tatsachen, Sprachspielen, Übereinkünften etc. ist dabei unerheblich. Wissen über funktionale Abhängigkeiten, das durch experimentelle Eingriffe unter kontrollierten Bedingungen gewonnen wurde, ist allerdings verlässlicher, als individuell durch Verstehen oder Interpretation gewonnene Einsichten.

Wird z.B. die Struktur des Argumentierens analytisch erfasst, kann mithilfe von Argumenten auf Schülerinnen und Schüler sowohl beim Unterrichten, als auch beim Erziehen eingewirkt werden. Der gewaltlose Zwang des besseren Arguments hilft, Einsicht zu gewinnen oder das als richtig Erkannte zu tun. Eine Argumentationstheorie (vgl. Toulmin 1975; Kopperschmidt 1989) kann dabei helfen, die Strukturen zu erkennen und zu nutzen. Diese Theorie kann selbst Inhalt des Unterrichts sein und so die Wirkung verstärken. Schülerinnen und Schüler können mithilfe des Instruments der Argumentationsanalyse die Unausweichlichkeit der Einsicht als Eigenleistung ihres eigenen kritisch prüfenden Verstandes erkennen und akzeptieren.

Bei der Interaktionssteuerung können Theorien unterschiedlicher Reichweite verwendet werden. Theorien zur Entstehung von Selbstkonzepten (Haußer 1995) oder gesundheitsförderlichen Einstellungen (Antonovsky 1987) können technologisch genutzt werden, um Bedingungen zu gestalten, die den Aufbau einer stabilen Identität und eines »sense of coherence« unterstützen.

Konzepte der Prüfung der inneren Konsistenz von Wissen und Einstellungen und der dabei hilfreichen Einwirkungen eines Gesprächspartners in einem sokratischen Dialog (Stavemann 2002) können von Lehrkräften bei der Bildung von Handlungsplänen für Unterricht und Erziehung verwendet werden.

Die Beispiele zeigen, dass eine Ausbildung zur Pädagogin oder zum Pädagogen nicht in der Einübung von Ablaufmustern bestehen darf, sondern die Grundlagen der Einwirkung aufgrund bestehender Regelhaftigkeiten lehren und die Generierung geeigneter technologischer Regeln und konkreter Einwirkungsversuche trainieren muss.

Steuerung des professionellen Handelns beim Einwirken

Professionelles Handeln kann bei der Einwirkung auf unterschiedliche Weise gesteuert werden; es kann sich um die Ausführung eines Planes handeln oder um eine punktuelle Wertorientierte Steuerung. Versucht eine Lehrkraft, die Idee des demokratischen Führungsstils umzusetzen, d.h. bei geringer bis mittlerer Lenkung der Schüleraktivitäten ein hohes Ausmaß an Wertschätzung zu realisieren, ist sie im Wertorientierten Steuerungsmodus. Jede einzelne Lehreräußerung in der Interaktion wird daraufhin geprüft, ob sie genügend Wertschätzung und geringe Lenkung realisiert. Wird andererseits versucht, in einem Gespräch einen Konflikt auszutragen, könnte ein Handlungsplan, der konkrete Schritte vom Anmelden einer Störung, Formulieren von Wünschen an den Gesprächspartner, Erfinden und Überprüfen von Lösungsalternativen bis zum Verabreden einer Erprobungsphase mit Auswertungsgespräch umfasst, den Ablauf strukturieren. Werden die Zwischenziele nicht erreicht, sind Zwischenschritte einzufügen, um das Planziel zu erreichen. Es ist denkbar, dass während der Abarbeitung eines Handlungsplans parallel noch eine Wertorientierte Handlungssteuerung zusätzlich erfolgt, die auf im Plan nicht erfasste, aber wichtige Aspekte der Interaktion einzuwirken versucht.

Interaktionsmuster bei der Durchführung von Unterricht

An ausgewählten Themen soll über situationsspezifisches Handeln in der Interaktion nachgedacht werden, um die Überlagerung von Überlegungen zur Lernstruktur bei der Planung von Lernarrangements und Überlegungen zur Gestaltung von geeigneten Interaktionsmustern bei der Durchführung von Unterricht sichtbar zu machen.

Das Textbeispiel

Geldautomat spuckte das Doppelte aus

London – Ein Bankautomat gab in einem englischen Dorf die doppelte Summe von dem heraus, was die Kunden abheben wollten. Nachts bildete sich eine Schlange: 98.000 Euro wurden ... (Aus der »Bild«-Zeitung)

Eine Meldung und ihre Geschichte

Die Nacht der Gier – Wie ein englisches Dorf die örtliche Bank plünderte: Vielleicht wäre die Geschichte anders verlaufen, wenn Reverend John Hopkins an jenem Mittwochabend nicht so müde gewesen wäre. Der 64-Jährige ist Priester an St. Mary, der anglikanisch-katholischen Kirche von Wooler, einem idyllischen Städtchen im Nordosten Englands. Es ist seine Gemeinde; er hätte ein Signal geben können, ein Zeichen der Umkehr.

Aber leider war Hopkins an jenem Abend früh ins Bett gegangen, und so gab es niemanden mehr, der sich der Versuchung entgegenstellte. Es war eine Art Prüfung. Man muss leider sagen, dass das Dorf diese Prüfung nicht bestanden hat.

Alles begann damit, dass einem Mann gegen neun Uhr abends das Bargeld ausging. Im Zentrum von Wooler war kaum noch etwas los, die Barclays Bank in der High Street, gleich neben Hamish Dunns Antiquitätenladen, hatte längst geschlossen. Zum Glück gibt es draußen einen Geldautomaten.

Er steht in einer Mauernische schräg gegenüber vom »Angel Inn«, einem der drei Pubs des Ortes. Kurz nach neun rief der

Mann einen der Gäste auf dem Handy an, offenbar einen Kumpel: Der Bankautomat werfe das Doppelte von dem aus, was man haben wolle, wer 100 Pfund verlange, erhalte 200 Pfund.

Vermutlich hatte die Firma, die den Automaten bestückt, die Kassette für die 10-Pfund-Noten versehentlich mit 20-Pfund-Noten gefüllt. Schnell waren Freunde benachrichtigt, jeder kannte jemanden, mit dem er das Glück teilen wollte. Bald kamen Leute von überall her.

Die ganze Nacht hindurch schoben sie ihre Karten in den Schlitz, American Express, Visa, Maestro oder Cirrus; ganz Pfiffige kamen nach Mitternacht noch einmal wieder, um ein zweites Mal ihr Tageslimit von 200 Pfund auszuschöpfen. Für Barclays sei das doch nur ein Taschengeld, sagte einer später – »und außerdem rauben uns die Banken doch aus, wo sie können«.

Gegen Morgen, hieß es, war der Automat endlich leer – schätzungsweise 65.000 Pfund weg, fast 100.000 Euro, verteilt auf ein paar Glückliche, die mit der Sorge ins Bett gingen, Barclays könnte das Geld zurückfordern, schließlich weiß jede Bank genau, wer sich an ihren Automaten Geld auszahlen lässt.

Doch Barclays forderte nichts. Es sei zwar bekannt, wer in jener Nacht Geld abgehoben hat, aber es sei unklar, wer zu viel bekommen habe, sagte ein Barclays-Sprecher. Die Glücklichen dürften deshalb das Geld behalten. Das war das eigentliche Wunder von Wooler.

Es teilte die Einwohner des Ortes in zwei Parteien: Jene, die in dieser Nacht am Automaten waren, und jene, die gern dort gewesen wären. Legenden entstanden. Einige hätten »Tausende« gemacht in jener Nacht, flüsterte man. Eine Frau habe sich per Taxi zu dem Geldautomaten chauffieren lassen, im Nachthemd, mit Lockenwicklern im Haar; die Schlange vor dem Geldautomaten sei »fast so lang wie die gesamte Hauptstraße« gewesen. Und ausgerechnet die Besitzerin des »Angel Inn« habe an dem allgemeinen Glück nicht teilhaben können, weil sie sich, als es darauf ankam, nicht an ihre PIN erinnern konnte.

Reverend John Hopkins, der das Wunder verschlafen hatte, erfuhr am nächsten Morgen von dem Geldsegen, als er nach einem Spaziergang im Pub einkehrte. Hopkins ist 20 Jahre auf Tankern zur See gefahren, er trägt Jeans und T-Shirt, oben links fehlt ihm ein Schneidezahn; sie haben Respekt vor ihm, weil er studiert hat, und sie mögen ihn, weil er ein anständiges Bier zu schätzen weiß. »Die Geschichte mit dem Geldautomaten ist Diebstahl«, sagt er, »unredlich, unmoralisch.«

»Du sollst nicht stehlen, so lautet das siebte Gebot«, ruft Hopkins. Die Männer, die mit ihm am Tresen stehen, verziehen sich nach hinten. »Gilt Gottes Gebot etwa nicht mehr, wenn eine große Bank die Geschädigte ist?«

»Offenbar gibt es hier unterschiedliche Vorstellungen von Gemeinschaft«, sagt Hopkins. Die Frauen, die in der Barclays-Filiale arbeiten, kommen alle aus Wooler: Hilary, die Filialleiterin, Sylvia und Trisha, die beiden Kassiererinnen. Wie kann jemand nachts den Automaten leeren und am nächsten Tag Geld einzahlen, als wäre nichts geschehen?

Drei Kirchen gibt es in Wooler, alle drei sind am Sonntag gut besucht. Früher haben sie hier nachts die Haustüren offen gelassen, nie wurde etwas gestohlen. Dann, Ende der siebziger Jahre, kam Margaret Thatcher. »Plötzlich hieß es: Mach, was du willst, aber lass dich nicht dabei erwischen«, sagt Hopkins. »Gier war auf einmal gut.« Also: Maggie Thatcher ist schuld. Alles klar. In jener Mittwochnacht, so die kirchliche Sicht der Dinge, ist das moderne England nach Wooler gekommen.

Seit ein paar die Bank geplündert haben, schweigen alle im Dorf – die einen aus Neid, die anderen aus Scham. Niemand war in jener Nacht am Automaten, niemand kennt jemanden, der sich bedient hat. Etwas hat sich verändert.

Eine Geschichte gibt es, die in Wooler erzählt wird: Drei von denen, die sich am Automaten bedient haben, seien am nächsten Morgen zu Hilary Dunn gegangen, der Filialleiterin, heißt es. Sie hätten das Geld, das sie zu viel erhalten hatten, zurückgebracht. Es ist nur ein Gerücht. Reverend Hopkins wünscht sich sehr, dass es wahr ist.

Hauke Goos: Die Nacht der Gier. Der Spiegel 28/2004, S. 54
(Rubrik Szene/Gesellschaft)

Argumentation und soziale Interaktion

Nehmen wir an, der oben angeführte Text soll im Unterricht eingesetzt werden, um daran Fragen der Rechtfertigung von Handlungen
oder der Geltung von Verhaltensregeln zu bearbeiten.

Die Sachanalyse ergibt, dass der Text drei Ebenen enthält, nämlich die Ebene der berichteten Tatsachen, die Ebene der Analyse von
Gründen für das gezeigte Verhalten und die Ebene der Bewertungen des dargestellten Geschehens. Diese drei Ebenen sind in der Bearbeitung zu trennen. Die *dargestellten* und *beobachtbaren Geschehnisse* sind als Tatsachen anzuerkennen. Bei der *Analyse der Interpretationen* ist zu fragen, wie deren Angemessenheit zu beurteilen oder
zu prüfen ist. Für die *Bewertungen* sind die normativen Hinter-
gründe und deren Geltung zu prüfen.

Ist es das Ziel des Unterrichts, dass die Schülerinnen und Schüler diese drei Ebenen unterscheiden lernen und sie die jeweiligen
Erfordernisse der Argumentation innerhalb der Ebenen erkennen
und mögliche Argumente auf der jeweiligen Ebene auf Gültigkeit
prüfen, ist zunächst ein Verständnis dieses Sachverhalts auf den drei
Ebenen und ihrer unterschiedlichen Argumentationsformen zu
entfalten. Dann sind auf der jeweiligen Ebene die konkreten Argumente zu bearbeiten. Sowohl die von den Schülern beigetragenen
und die im Text vorfindbaren Argumente sind zu systematisieren
und auf Angemessenheit zu prüfen.

Zunächst wollen wir skizzieren, welche Hintergrundkonzepte
für die Planung dafür geeigneter Interaktionen benötigt werden,
dann soll gezeigt werden, welche Kompetenzen die Lehrkraft benötigt. Soll durch die Bearbeitung dieses Gegenstandes im Unterricht
ein Lerneffekt erreicht werden, ist darauf zu achten, dass die Meinungen und Werturteile der Schülerinnen und Schüler nicht nur
aneinander gereiht werden, sondern auf dem Prüfstand der Grundstruktur einer korrekten Argumentation auf ihre Haltbarkeit geprüft werden. Die Interaktion muss die Sammlung von Argumenten und ihre Prüfung auf Angemessenheit und Begründbarkeit als
getrennte Abläufe aufweisen. Ist bereits eine formale Prüfstruktur
gelehrt worden, kann zu deren Anwendung aufgerufen werden; ist
diese nicht verfügbar, kann die Lehrkraft die formalen Positionen

eines Argumentationsmodells (Kopperschmidt 1989) als Grundstruktur ihres Nachfragens einsetzen und helfen, die Beiträge des Gesprächs zu ordnen und eine korrekte Begründungstruktur zu entwickeln. Das Argumentationsmodell kann so von den Schülern zunächst im Sinne beiläufigen Lernens und dann durch nachträgliche Entfaltung des formalen Modells gelernt werden.

Durch die jeweilige Art der Frage kann die Lehrkraft dafür Sorge tragen, dass in den Phasen des Unterrichtsgesprächs das notwendige Denkniveau erreicht wird. Sie kann zum Sammeln von Fakten, Ordnen und Benennen, zur Ableitung und Begründung von Verhaltensregeln, zur Bewertung von Positionen, zur vollständigen Ausgestaltung einer Argumentationskette und deren Geltungsprüfung anregen. Das Beispiel zeigt, dass nur die Vorgabe bzw. die Nutzung einer Struktur und die Beachtung der Passung der Beiträge zu den strukturellen Erfordernissen, einen zielführenden Gesprächsverlauf sichern kann. So wird den Schülerinnen und Schülern neben der Erarbeitung des Inhalts auch der Erwerb von Interaktionskompetenz im Sinne von Argumentationsfähigkeit ermöglicht. Unterstellt man die Notwendigkeit der Abstraktion derartiger Strukturen durch mehrfachen Gebrauch in verschiedenen Kontexten, wird deutlich, dass eine Lehrkraft dann besonders gut unterrichtet, wenn sie die strukturelle Gleichheit des Vorgehens bei unterschiedlichen Inhalten den Schülerinnen und Schülern erkennbar werden lässt.

Die Interaktionskompetenz der Lehrerinnen und Lehrer muss also nicht nur punktuelle kommunikative Taktiken mit Wertorientierter Steuerung enthalten, sondern auch wiederkehrende Strategien der diskursiven Bearbeitung von Themen mithilfe von Handlungsplänen unter Verwendung von Ordnungsmustern und Prüfstrategien.

Betrachten wir eine andere Unterrichtssituation: In Untersuchungen zum Physikunterricht zeigte sich, dass es nicht *ausreicht*, wenn der Unterricht unter thematischer Perspektive lebensweltlich orientiert ist, um das Interesse der Schülerinnen und Schüler aufrechtzuerhalten. Es muss eine Veränderung der Interaktionsabläufe hinzukommen. Wenn Lehrkräfte lernen, auf die Äußerungen von Schülerinnen und Schülern anerkennend und mit Fehlertoleranz zu reagieren, die Fehlerkorrektur in der Sache durch Rückfragen zur Auffassung der Schüler anregen und dabei nicht die Person angreifen oder herabsetzend sprechen, steigt der Lerneffekt und das Interesse am Fach bleibt erhalten (Häußler/Hoffmann 1995).

Dieses Ergebnis wird nachvollziehbar, wenn man einige Konzepte zum Identitätsaufbau kennt. Das Modell von Haußer zur Entwicklung überdauernder Aspekte des Selbstkonzepts in Folge situativer Erfahrungen verdeutlicht, dass für den Aufbau eines fachbezogenen Selbstkonzepts Erfolge ebenso wichtig sind wie die Wertschätzung des eigenen Denkens durch andere Personen; dabei muss es die Möglichkeit geben, Denkfehler selbst unter minimaler äußerer Einwirkung zu korrigieren.

Überlegungen zum Klassenmanagement zeigen, welche Bedeutung Formen der Interaktion für das Gelingen von Unterricht und für das soziale Lernen haben. Metakommunikation über gestörte Abläufe und das gemeinsame Entwickeln von Regeln ermöglichen, dass Schülerinnen und Schüler bereit sind, Verantwortung für die Einhaltung dieser Regeln zu übernehmen. Das Konzept des Trainingsraums (Bründel/Simon 2003) verdeutlicht, wie Rahmenstrukturen die Chancen der Einwirkung auf das Schülerverhalten verändern und so Interaktionsformen ermöglichen, die Konfliktlagen entschärfen. Lehrkräfte können auf einen Theorievorrat zum Eingreifen in Interaktion und Kommunikation (vgl. Retter 2000) und für das Vorgehen beim Anwenden von Unterrichtsmethoden (Dubs 1995) zurückgreifen.

Qualitätsentwicklung von Unterricht

Helmut Fend beschrieb im Jahre 2004 Schule und Unterricht als evaluationsfreie Räume (Fend 2004, 34). Die Kultusministerkonferenz hat mit Festlegung von Bildungsstandards und der Entscheidung, eine regelmäßige Rechenschaftslegung über die Ergebnisse des Unterrichts (durch regelmäßige Schulleistungsstudien, zentrale Prüfungen und interne und externe Schulevaluationen) einen neuen Weg eingeschlagen in der Hoffnung, so insgesamt höhere Leistungen zu erreichen. Von daher stellen sich neue Aufgaben für die Unterrichtsarbeit: Der Unterricht soll sich an Bildungsstandards orientieren; das Niveau des Unterrichts verbessert werden. Der Unterricht hat das selbstständige und selbst regulierte Lernen zu fördern. Ein Minimum verbindlicher Inhalte (Kerncurriculum) ist zu behandeln. Der Unterricht soll nicht nach einem stets ähnlichen Skript verlaufen, sondern dramaturgisch und methodisch vielfältig gestaltet werden. Ziel ist die Entfaltung einer abwechslungsreichen Lehr- und Lernkultur. Als Instrumente der Verbesserung des Unterrichts setzt die KMK auf die Lehrplanarbeit in den Ländern, auf Lehreraus- und -fortbildung und auf Schul- und Unterrichtsentwicklung. Wenn wir davon ausgehen, dass die Qualität des Unterrichts – neben der Verbesserung der Strukturqualität – vor allem durch das Engagement und die Verbesserung der Arbeit in den Einzelschulen angegangen werden muss, stellt sich die Frage nach wirksamen Instrumenten für eine Qualitätssicherung.

Wege zur Professionalisierung im Kollegium

Zu den grundlegenden Kompetenzen von Lehrkräften gehört die Planung, Vorbereitung und Durchführung von Unterricht. Wenn diese Kompetenz im Rahmen der Entwicklung von Expertise und der Professionalisierung nicht nur als individuelle Aufgabe gefasst, sondern zur Sicherung der Qualität des Unterrichts auf Kooperation hingewirkt wird, stellt sich die Frage nach relevanten Ansatzpunkten. Wir sehen dafür die folgenden:

Zielklarheit des Unterrichts

Unseres Erachtens ist es notwendig, sich über die Ziele des Unterrichts bezogen auf Inhalte und aufzubauende Kompetenzen und den Weg zum Kompetenzaufbau innerhalb eines Kollegiums zu verständigen. Dazu gehören eine

- Verständigung über pädagogische, curriculare und fachdidaktische Ziele für den Unterricht und die fächerverbindenden resp. fächerübergreifenden Themen;
- Verständigung über das Curriculum der einzelnen Fächer über einen gesamten Bildungsgang hinweg und Konkretion des Curriculums in schuleigenen Arbeitsplänen für die einzelnen Fächer und fächerverbindenden Themen; Koordinierung der Arbeitspläne zwischen den verschiedenen Lernbereichen und Fächern;
- Planung von Unterrichtseinheiten unter Festlegung von Zielen, angestrebten Kompetenzen, Anspruchsniveaus unter Rückgriff auf Schulbücher, Materialien, Medien;
- Reflexion über die dabei anzulegenden Lernprozesse;
- Verständigung über dazu passende Projekte in den verschiedenen Schuljahren eines Bildungsgangs;
- Planung interdisziplinär angelegter Unterrichtseinheiten, ausgehend von Schlüsselproblemen, um situatives Lernen zu ermöglichen resp. um das Vorhandensein und Anwenden von Wissen auf bestimmte Frage- und Problemstellungen zu ermöglichen;
- Verständigung über die zu erreichenden Anspruchsniveaus am Ende eines jeden Schulhalbjahres resp. Schuljahres und Konkretion dieser Anspruchsniveaus in exemplarischen Aufgaben;
- Verständigung über Kriterien der Leistungsmessung und Leistungsbeurteilung;
- Verständigung über die Bildungsstandards.

Prozessklarheit im Unterricht

Bezogen auf die Steuerung des Unterrichts und die Gestaltung der Interaktion zwischen Lehrkräften und Schülerinnen und Schülern, aber auch der Schüler untereinander und bezogen auf die Förderung selbst regulierten Handelns, ist ein Nachdenken über die Gestaltung der Unterrichtsprozesse erforderlich. Dazu gehört u.a.

- Verständigung über Ordnungsziele und Regeln;
- Verständigung über Lehrformen und Steuerungsformen im Unterricht;
- Verständigung über Prozesse selbst regulierten und kooperativen Lernens;
- Verständigung über Kriterien für Üben, Fördern und Hausaufgabenpraxis;
- Gemeinsames Nachdenken über Möglichkeiten positiver Interdependenz zwischen Elternhaus und Schule; Verständigung über den Umfang und die Art der Hausaufgaben in verschiedenen Fächern.

Evaluation des Unterrichtsprozesses

Der Lehr- und Lernprozess sollte regelmäßig beobachtet und durch folgende Schritte ausgewertet werden:

- Analyse der Lernprozesse der *Lernerinnen* und *Lerner* anhand ihrer Produkte, eine Auseinandersetzung mit Lösungswegen, interessanten Lösungsansätzen und Fehlern;
- Auseinandersetzung mit dem eigenen Unterricht auf der Grundlage von miteinander entwickelten Kriterien anhand von Unterrichtsmitschnitten mithilfe von Videoaufnahmen;
- Evaluation von Unterricht unter ausgewählten Gesichtspunkten durch gegenseitige Unterrichtsbesuche und Unterrichtsauswertungsgespräche mit Kolleginnen und Kollegen;
- Evaluation von Unterricht durch Unterrichtsbesuche und Beratungsgespräche durch die Schulleitung. Dabei werden in der Regel verschiedene Unterrichtsskripts in den Blick genommen.

Evaluation des Unterrichtserfolgs

Die Überprüfung des Unterrichtserfolgs kann dadurch vorgenommen werden, dass eine Bilanzierung der Ergebnisse des Unterrichts durch eine Analyse der Schülerleistungen in Klassenarbeiten und Tests vorgenommen wird. Dabei könnte auch der Versuch einer Bewertung der Effektivität des unterrichtlichen Handelns über einen Ist-Soll-Vergleich auf der Basis des Vergleichs von Lernausgangslagen und Lernzuwachs durch Unterricht unternommen werden.

Instrumente der Qualitätsentwicklung

Curriculumarbeit in der Schule

Wenn die Verbesserung der Qualität des Unterrichts zum Kern der Schulentwicklung werden soll, müssen die Instrumente der Schulentwicklung für diesen Zweck konkretisiert werden. Dazu ist die Arbeit in Fachkonferenzen und in Klassenkonferenzen oder Jahrgangskonferenzen wichtig. Es können die Bildungsstandards für den mittleren Schulabschluss und die Vorgaben für die schriftlichen Prüfungsarbeiten im Zentralabitur erörtert werden, um auf dieser Grundlage festzulegen, was in den einzelnen Schuljahren gelernt werden muss und um das schulische Curriculum abzustimmen.

Ausgehend von den Fachkonferenzen sollte in den Schulen diagnostisches Material zur Feststellung von Lernausgangslagen ebenso entwickelt werden wie Parallelarbeiten. Bezogen auf die Verbesserung des Unterrichts ist – auf der Grundlage von Lernstrukturanalysen – die Fähigkeit zur Beförderung von Lernprozessen und zum Diagnostizieren der Lernfortschritte anzulegen. Bezogen auf die Verständigung über das jeweilige Anspruchsniveau des Unterrichts (auf der Grundlage einer Festlegung von Regelstandards und Minimalstandards) kann daran gearbeitet werden, den Lernweg zum Erreichen dieser Regelstandards festzulegen und über Hilfen und Fördermaßnahmen nachzudenken. Sinnvoll ist eine Zusammenarbeit bei der Formulierung der Aufgaben sowohl für den Unterricht als auch zur Überprüfung des Unterrichtserfolgs und eine

Festlegung von Bewertungsmaßstäben. Die Praxis der gemeinsamen Konzeption, des gemeinsamen Korrigierens und Auswertens dieser Parallelarbeiten kann Hinweise auf die Effekte des Unterrichts geben. Basierend auf einer Fehleranalyse kann gemeinsam über Probleme beim Lernen resp. beim Gewähren von Erklärungen und Hilfen geschlossen werden. Diese Arbeit kann zum gemeinsamen Konzipieren und Einsetzen von Unterrichtsmaterialien führen, die auch unter diagnostischen Gesichtspunkten interessant sind.

Die Auseinandersetzung mit dem eigenen Unterricht, auch durch Unterrichtsmitschnitte und deren gemeinsame Beobachtung und Reflexion wie durch Formen kollegialer Hospitation, kann sicherlich dazu beitragen, eingefahrene Routinen zu überwinden.

Kollegiale Hospitation

Die Verständigung über die Qualität von Unterricht über Standards kann dadurch gelingen, dass eine gegenseitige Hospitation im Unterricht erfolgt mit dem Ziel, die Qualität des Unterrichts weiterzuentwickeln. Dabei ist zu beachten, dass Kolleginnen und Kollegen Unterrichtsbesuche zumeist im Kontext von Ausbildungs- und Überprüfungssituationen (im Rahmen des Referendariats, zur Überprüfung für die Verbeamtung und für Stellenveränderungen) kennen. Daher ist bewusst ein Verfahren kollegialer Hospitation von den oftmals im Rahmen von Ausbildung erlebten Verfahren zu unterscheiden (vgl. Horster/Rolff 2001, 161).

»Die kollegiale Evaluation von Unterricht durch gegenseitige Unterrichtsbesuche ist eine Form der professionellen Entwicklung, in der das Wissen, das Können und die Fähigkeiten der Lehrenden genutzt werden, um Aussagen über die Wirksamkeit des Unterrichts von Kolleginnen und Kollegen zu machen. Sie trägt zu einer Neubewertung der eigenen Arbeit und der des Kollegiums (bzw. eines Fachbereichs) bei« (Schratz/Iby/Radnitzky 2000, 100).

Kollegiale Unterrichtsbeobachtung durch Hospitation sollte folgende Bedingungen beachten:

Hospitationen in Ausbildungs- und Überprüfungskontexten	Kollegiale Hospitation
Der Beobachter ist ranghöher.	Der Beobachter ist ranggleich.
Die Beobachtung steht in einem Beurteilungszusammenhang.	Die Beobachtung ist Teil kollegialer Praxis zur gegenseitigen Professionalisierung und zur Beförderung professioneller Selbstreflexion.
Die Beobachtung ist verpflichtend.	Die Beobachtung ist freiwillig.
Die Unterrichtsnachbesprechung geschieht oft unter taktischen Gesichtspunkten, um einen Vorteil zu erreichen (gute Zensuren, Verbeamtung) resp. einen Nachteil zu vermeiden.	Die Unterrichtsnachbesprechung sollte als offene Lernsituation gestaltet sein, in der über Schwierigkeiten und Probleme offen gesprochen werden kann.
Ziel: Bewertung	Ziel: Geben von Feedback

Tabelle 2: Merkmale von Hospitationen (nach Horster/Rolff 2001, 161)

- Sie sollte freiwillig geschehen.
- Sie sollte gegenseitig (in einem Zweier- oder Dreier – oder Viererteam) erfolgen. Diese Gruppen arbeiten als »Qualitätsgruppen«.
- Lehrkräften sollten Möglichkeiten von Unterrichtsbesuchen durch eine entsprechende Stundenplangestaltung eingeräumt werden. Unterrichtsbesuche können dabei dezentral organisiert werden, um Stundenplanprobleme zu minimieren.
- Die Unterrichtsbesuche sollten vorbereitet und ausgewertet werden. Bei der Vorbereitung ist festzulegen, was beobachtet und wie es beobachtet werden soll. Die Nachbereitung sollte sich – unter Beachtung von Feedback-Regeln – auf den beobachteten Schwerpunkt beziehen.
- Die Vorbereitung, Durchführung und Nachbesprechung der Unterrichtsbeobachtungen sollte in eine Kultur des gegenseitigen Austauschs einmünden.
- Die Schülerinnen und Schüler sollten über den Sinn der Unterrichtsbesuche informiert sein.
- Es sind Regeln des Vertrauens und des Taktes zu vereinbaren, die von allen beachtet werden müssen.

Die Unterrichtsbeobachtung kann – bezogen auf die Beobachtungsschwerpunkte – verschiedene Formen haben. Sie kann offen (ohne Festlegung von Beobachtungsschwerpunkten) oder unter einem ausgewählten Focus (Festlegung eines Beobachtungsschwerpunktes) durchgeführt werden. Förderlich ist, wenn die Lehrkraft, die ihren Unterricht zeigt, selbst an der Wahl der Beobachtungsschwerpunkte beteiligt ist. Solche Beobachtungsschwerpunkte können z.b. sein: Rückmeldungen zu ausgewählten Fragen der Lehrkraft selbst (z.b. Sprache, Körpersprache, implizites Unterrichtskonzept und seine Passung mit Unterrichtsprinzipien, Instruktionsverhalten), zur Umsetzung eines verabredeten Unterrichtsprinzips (z.b. Schülerselbstständigkeit), zur Erprobung neuer Themen aus den Richtlinien oder zur Feststellung von Qualität (anhand ausgewählter Indikatoren).

Sehr oft kommt es bei Beobachtungsverfahren im Rahmen schulischer Praxis zu einer Vermischung von Beobachtung und Beurteilung. Um dieses Dilemma der Vermischung von Beschreibung und Beurteilung aufzulösen, sollten folgende Punkte beachtet werden:

- *»Beobachten und Bewertung müssen als zwei unterschiedliche Aktivitäten erkannt und bewusst voneinander getrennt werden.*
- *Die Beobachtung soll sich möglichst auf vorher festgelegte Verhaltensformen beschränken.*
- *Der teilnehmende Beobachter soll sich zeitnah Notizen machen und dabei möglichst eng auf beobachtbares Verhalten Bezug nehmen: Abkürzungen oder Symbole sollten möglichst vermieden werden: Sie können später Anlass zu Interpretationen und Missverständnissen sein.*
- *Der Beobachter soll seine Eindrücke möglichst in einer gering wertenden Deskription festhalten«* (vgl. Topsch 2002, 108).

Es scheint hilfreich zu sein, einen Schwerpunkt auszuwählen, der beobachtet werden soll. Dieser Schwerpunkt bildet die Grundlage für die Festlegung von Indikatoren, d.h. jenen Merkmalen, die für den Beobachtungsschwerpunkt stehen. Während der Unterrichtsbeobachtung werden Notizen zu den Indikatoren gemacht. Zusätzlich kann nach der beobachteten Unterrichtsstunde ein kurzes Gedächtnisprotokoll geschrieben werden, indem festgehalten wird, was besonders aufgefallen ist. Es können auch gefühlsmäßige Eindrücke notiert werden (vgl. Schratz/Iby/Radnitzky 2000).

Bei der Auswertung des Unterrichts sind Regeln für Feedback-Geben und Feedback-Nehmen zu beachten (vgl. Schratz/Iby/Radnitzky 2000, 104). Es ist sinnvoll, die Ergebnisse solcher Unterrichtsbeobachtung schriftlich festzuhalten und in Teams auszuwerten. Die Ergebnisse sollten nicht personbezogen verschriftlicht, sondern es sollten – auf der Basis der Hospitation und Beobachtung in mehreren Klassen – Daten zusammengefasst und Überlegungen zum Stand des Unterrichts, zu seinem Entwicklungsbedarf und zu den zu unternehmenden Schritten in den jeweiligen Qualitätszirkeln diskutiert werden.

Schulentwicklungsarbeit

Diese Zusammenarbeit sollte – über eine Absprache in Gesamtkonferenzen – dazu führen, dass abgestimmte Ziele verbindlich gemacht werden. Die Ergebnisse zielführender Verständigungsprozesse sollten im Schulprogramm verankert und in bestimmten Abständen, durch Vergleichsarbeiten und Besuche durch die Schulleitung, überprüft werden. Auch die Informationspflicht gegenüber Eltern und Schülerinnen und Schülern bezogen auf die Darlegung von Zielen, Inhalten und Methoden des Unterrichts kann mit dem Einholen von Feedback – auf der Basis festgelegter Schwerpunkte – verbunden werden.

Da die Schulleitungen für die Qualität des Unterrichts in einer Schule verantwortlich sind und sie nur die Instrumente der Fortbildung, der Konferenzarbeit, der persönlichen Zielvereinbarungen, der Überprüfung der Lern- und Leistungsergebnisse der Kinder und Besuche im Unterricht zur Verfügung haben, müssen sie darüber nachdenken, wie sie mit diesen Instrumenten erfolgsorientiert umgehen wollen. Klug wäre es, einen Professionalisierungsprozess zu initiieren und Fortbildung, Konferenzarbeit, Zielvereinbarungen und Unterrichtsbesuche darauf abzustellen.

Evaluation

Die Schulverwaltungen der verschiedenen Bundesländer sind daran interessiert, in bestimmten Abständen den Erfolg des Schulsystems durch Formen eines Bildungsmonitoring zu überprüfen. International und intranational vergleichende *Schulleistungsstudien* werden dazu in bestimmten Abständen durchgeführt werden. Daneben bedient man sich des Instruments der *Vergleichsarbeiten*. Vergleichsarbeiten können Aufschluss geben über die Leistungen von Schülerinnen und Schülern, einzelnen Schulklassen, Einzelschulen, Bildungsregionen, Bundesländern. Sie gewähren sowohl Informationen über das Niveau des Wissens und Könnens (Niveauinformation) als auch über die Bandbreite und Streuung der Leistungen. Sie sind von international und intranational vergleichenden Schulleistungsstudien zu unterscheiden (vgl. Tabelle 3).

Instrument	Vergleichsarbeiten	Schulleistungsstudien
Ziel	Erheben der Schülerleistungen mit dem Ziel der Rückmeldung an die Lehrkräfte	Monitoring des Schulsystems unter ausgewählten Gesichtspunkten
Weg	Flächendeckende Erhebung des Wissens und Könnens aller Schülerinnen und Schüler	Stichprobenartiges Erheben des Wissens und Könnens nach Kriterien der Repräsentativität ausgewählter Schüler einer Schule
Zeitpunkt	Jährlich und zu Beginn oder im Verlauf eines Bildungsgangs mit der Chance, durch Rückmeldungen Verbesserungen des Unterrichts einleiten zu können	In größeren zeitlichen Abständen am Ende eines Bildungsgangs und möglichst an Gelenkstellen des Bildungssystems (nach Klasse 4 der Grundschule, nach Klasse 10)
Art der Aufgabenstellung	Gleiche Aufgabenstellung für die Schülerinnen und Schüler eines Schuljahrgangs in allen Schulen	Aufgabenrotation (multimatrix-sampling)

Tabelle 3: Funktionen von Vergleichsarbeiten in Abgrenzung zu Schulleistungsstudien

Werden Längsschnittstudien angelegt, können Veränderungen festgestellt und analysiert werden (vgl. Helmke/Hosenfeld 2004). Während die Ergebnisse der Vergleichsarbeiten einen Einblick in die Qualität der fachlichen Unterrichtsarbeit und ihrer Ergebnisse gewähren, zielt die Inspektion des Unterrichts auf die Optimierung seiner Gestaltung.

Einholen von Feedback durch Lernende

Feedback durch die Schülerinnen und Schüler und durch die Eltern kann dazu dienen, Wünsche bezogen auf den Unterricht entgegenzunehmen und diese mit eigenen Zielsetzungen und Schwerpunkten abzugleichen. Auf der Basis einer Analyse des Unterrichts können Schwerpunkte für die Bereiche seiner Optimierung festgelegt werden.

Die Vorschläge zur Beteiligung von Schülerinnen und Schülern an der Evaluation des Lehrerhandelns im Unterricht müssen insofern kritisch gesehen werden, als diese unterschiedliche Vorstellungen darüber haben, was guter Unterricht ist und was eine gute Lehrkraft ausmacht. Sehr oft ist eine positive Bewertung des Unterrichts oder des Lehrerhandelns nicht daran geknüpft, dass die Schülerinnen und Schüler bessere Lernergebnisse zeigen. Von daher wird auch von einem »Evaluations-Paradox« gesprochen. Dahinter versteckt sich die Erkenntnis, dass Lehrkräfte, um von Schülerinnen und Schülern positive Bewertungen zu erhalten, sich an diese anpassen und Sachnormen – als Ansprüche an die Schülerinnen und Schüler formuliert – zurücknehmen.

Besser als globale Evaluationen unter Beteiligung der Schülerinnen und Schüler kann eine sequenzielle Lehr-Lern-Analyse wirken.

1. Ziel ist die Verbesserung des Lehr-Lern-Prozesses, weshalb Interessen, Erwartungen und Bedürfnisse von Schülerinnen und Schülern und Lehrkraft zu berücksichtigen sind.
2. Die Lehr-Lern-Analyse ist *sequenziell:* Eine Metakommunikation über die Qualität des Unterrichts findet mehrmals im Laufe eines Schulhalbjahres statt.

3. Die Lehr-Lern-Analyse ist *spezifisch gerichtet* von der Problemanalyse und Zieldefinition über die Ausarbeitung von Lösungsvorschlägen bis hin zur Festlegung von Handlungskonsequenzen. Dabei muss transparent sein, wo Entscheidungsspielräume für die Lehrkraft resp. die Schülerinnen und Schüler bestehen.

4. Die Lehrkraft übernimmt in diesem Prozess eine *strukturierende Funktion* und bietet durch ihr eigenes Verhalten ein positives *Modell* (vgl. Schweer 2001, 162).

Bei der Beteiligung von Schülerinnen und Schülern an der Evaluation von Unterricht sollte zunächst eine Verständigung über Standards erfolgen und deutlich markiert werden, was im Unterricht veränderbar ist und was nicht. Dann sollten konstruktive, auf Lösungen zielende Gespräche gesucht werden. Dabei ist jedoch auf eine Wahrung der Rollen und Aufgaben zu achten (vgl. Burkard/ Eikenbusch 2000, 34). Die Beteiligung der Schülerinnen und Schüler an der Evaluation kann Teil eines umfassenden Prozesses einer gemeinsamen Planung und Gestaltung des Unterrichts sein, in dem Möglichkeiten kontinuierlicher Rückmeldung durch die Schülerinnen und Schüler eingebaut sind, indem sie umgekehrt regelmäßig Feedback über ihre Lernprozesse erhalten. Teil dieses Unterrichts ist eine Vereinbarung über Indikatoren und Kriterien, an denen nach einem bestimmten Zeitabschnitt der Erfolg von Unterricht gesehen und festgemacht werden kann und eine Verständigung darüber, wie die Selbstkontrolle und Überprüfung der Arbeitsergebnisse und des Arbeitsprozesses erfolgt. Das heißt, in den Unterrichtsprozess werden Formen der Rückkoppelung und gemeinsamen Reflexion eingebaut. Rolheiser entwickelte ein Modell zur Beteiligung von Lernenden an der Feststellung von Lernfortschritten. Es beinhaltet folgende Schritte:

1. Schritt: Die Lehrperson beteiligt die Lernenden bei der Festlegung von Kriterien/Indikatoren.

2. Schritt: Die Lehrperson übt mit den Lernenden die Anwendung der Indikatoren ein.

3. Schritt: Die Lehrperson gibt den Lernenden Rückmeldungen zu ihren Selbstevaluationen.

4. Schritt: Die Lehrperson gibt den Lernenden Hilfen für die Entwicklung eines Aktionsplanes.

(vgl. Rolheiser 1996, zitiert nach Horster/Rolff 2001, 46)

Auf der Grundlage der Ergebnisse der Beobachtung des Unterrichts durch andere Lehrkräfte oder der Befragung von Schülerinnen und Schülern gilt es, systematisch an der Verbesserung von Unterricht zu arbeiten. Dazu dienen eigene Zielsetzungen und das Aufstellen realistischer Arbeits- und Zeitpläne, wie und bis wann diese umgesetzt werden sollen.

Einholen von Feedback durch Eltern

Die Qualität von Unterricht ist auch davon abhängig, inwieweit sich Eltern mit der Schule identifizieren und das Schulverhalten ihrer Kinder, einschließlich der Erledigung der Hausaufgaben, unterstützen. Wir haben in Deutschland ein im Wesentlichen staatlich kontrolliertes Schulwesen. Es gibt wenig Beteiligung der Öffentlichkeit an der Qualitätskontrolle.

Mit »Bündnissen für Erziehung« und mit Konzeptionen »Eigenständiger Schule« wird eine neue Ära der Gestaltung der Beziehungen zwischen Schulen und Elternhäusern eingeläutet. Gerade weil Eltern heute schulisch gut qualifiziert sind und man über Schule öffentlich nachdenkt, scheint es notwendig, neue Formen des Feedbacks zwischen Schule und Elternhaus zu entwickeln, um elterliche Einblicke in die Qualität von Unterricht und seine Wirkungen zu erheben und im Sinne eines Feedbacks an die Schulen zurückspielen zu können; Eltern könnten die Rolle eines frühen »Anzeigers« von Problemen in der Schule übernehmen. Lehrkräfte könnten Eltern dabei unterstützen, »Prüfkriterien für den Unterricht« zu entwickeln. Sie könnten z.B. so lauten:

- Gibt es klare Regeln, die Schülerinnen und Schüler und Lehrkraft miteinander vereinbart haben? Sorgt die Lehrkraft für deren konsequente Einhaltung?

- Wird die Unterrichtszeit intensiv für die Behandlung des Unterrichtsstoffes genutzt?
- Findet das Lernen häufig in Kleingruppen statt?
- Wird der Schwierigkeitsgrad von Aufgaben so variiert, dass die Schüler entsprechend ihren Fähigkeiten (häufig) mit anspruchsvollen Fragen konfrontiert werden?
- Fühlen sich die Schülerinnen und Schüler überfordert oder findet ein dotiertes Formulieren schwieriger Fragen statt?
- Werden schwächere Schüler besonders gefördert?
- Toleriert die Lehrkraft Langsamkeit bei der Lösung von Aufgaben und reagiert sie mit Geduld und Gelassenheit auf Verzögerungen und Probleme beim Lernen?
- Zeigt die Lehrkraft diagnostische Sensibilität, indem sie auf die Ängste und Lernprobleme der Schülerinnen und Schüler eingeht?
- Herrscht in der Klasse eine positive Stimmung auch aufgrund von Ermutigung und Humor durch den Lehrer?
- Gelingt es der Lehrkraft, leistungsorientierten Unterricht anzubieten, ohne die Leistungsängste der Schülerinnen und Schüler zu stärken?

Es geht darum, Momente einer öffentlichen Qualitätskontrolle von Unterricht und Lehrerarbeit durch Feedback-Schleifen anzubahnen. Damit würde ein »ausschließlich verwaltungsintern organisierter Kreislauf von Erfolgs- und Problemrückmeldungen« (Fend 2004, 27) durchbrochen und eine stärkere Verantwortlichkeit der Lehrkräfte gegenüber den Abnehmern von Bildungsangeboten geschaffen.

Wurden bisher die Anspruchsniveaus des Unterrichts und damit die Standards (und daran orientiert die sachlichen Normen zur Bewertung von Schülerleistungen) durch die individuellen Lehrkräfte festgelegt, konnte daraus eine Art »Kampfverhältnis« zwischen Lehrkräften und Schülerinnen und Schülern um Anforderungen, Notenvergabe und Disziplin resultieren. Die Festlegung von Bildungsstandards von außen könnte dazu beitragen, dass gemeinsame Anstrengungen von Lehrkräften und Schülerinnen und Schülern begännen, um diese zu erreichen. Würden Schulen »Abschlüsse« vergeben, aber keine »Berechtigungen« verteilen, könnten die aufnehmenden Institutionen festlegen, was gewusst und gekonnt werden muss. Dann könnten Lehrkräfte und Schülerinnen und Schüler eher in ein Arbeitsbündnis eintreten, damit externe Prüfungen erfolgreich bewältigt werden.

Bei all den vorgestellten Überlegungen wird es die Aufgabe der Lehrkräfte sein, das Anstreben der Bildungsstandards so zu gestalten, dass Kinder und Jugendliche maximal gefördert und unterstützt und in einer intellektuell anregenden und angstfreien Atmosphäre lernen können.

Literaturverzeichnis

Aebli, Hans: Grundlagen des Lehrens. Eine Allgemeine Didaktik auf psychologischer Grundlage. Stuttgart: Klett-Cotta [4]1997.

Aebli, Hans: Zwölf Grundformen des Lehrens. Stuttgart: Klett-Cotta [11]2001.

Alisch, Lutz-Michael: Möglichkeiten und Grenzen der Erforschung didaktischer Prozesse. In: Twellmann, Walter (Hrsg.): Handbuch Schule und Unterricht. Band 4.2. Düsseldorf: Schwann 1981, S. 814–826.

Antonovsky, Aaron: Unraveling the Mystery of Health. San Francisco: Jossey-Bass 1987.

Arbeitsstab Forum Bildung in der Geschäftsstelle der Bund-Länder-Kommission für Bildungsplanung und Forschungsförderung: Kompetenzen als Ziele von Bildung und Qualifikation. Bericht der Expertengruppe des Forum Bildung. Stand: 14.2.2001 unter: http://www.paedagogischeshandeln.de/Bildungspolitik1_2000htm.

Artelt, Claudia/Stanat, Petra/Schneider, Wolfgang/Schiefele, Ulrich: Lesekompetenz: Testkonzeption und Ergebnisse. In: Deutsches PISA-Konsortium (Hrsg.): PISA 2000. Basiskompetenzen von Schülerinnen und Schülern im internationalen Vergleich. Opladen: Leske + Budrich 2001, S. 69–137.

Asendorpf, Jens B.: Entwicklungsgenetik und Persönlichkeit. In: Enzyklopädie der Psychologie. Band 1. Psychologie der Erziehung und Sozialisation. Göttingen: Hogrefe 1994, S. 107–134.

Baptist, Peter: Mathematikunterricht heute – aus deutscher Sicht. In: Bundesvereinigung der Deutschen Arbeitgeberverbände: In Mathe mangelhaft. Die TIMS-Studie: Deutsche, niederländische und Schweizer Schüler im Vergleich. o.O., o.J., S. 55–74.

Baumert, Jürgen/Köller, Olaf: Nationale und internationale Schulleistungsstudien. Was können sie leisten, wo sind ihre Grenzen? In: Pädagogik, 50. Jg., 1988, Heft 6, S. 12–18.

Becker, Georg: Planung von Unterricht. Handlungsorientierte Didaktik. Teil I. Weinheim, Basel: Beltz 1984a.

Becker, Georg W.: Durchführung von Unterricht. Handlungsorientierte Didaktik. Teil II. Weinheim, Basel: Beltz 1984b.

Becker, Georg W.: Unterricht auswerten und beurteilen. Weinheim, Basel: Beltz [7]2002.

Becker, Karin/Sachse, Rainer: Therapeutisches Verstehen. Göttingen: Hogrefe 1998.

Betz, Dieter/Breuninger, Helga: Teufelskreis Lernstörungen. Weinheim: Beltz, PVU 1998.

Bieri, Peter: Das Handwerk der Freiheit. München, Wien: Hanser 2001.

Bloom, Benjamin S./Engelhardt, Max D./Furst, Edward J./Hill, Walter H.: Taxonomie von Lernzielen im kognitiven Bereich. Weinheim, Basel: Beltz 1976.

Bönsch, Manfred: Grundlegung sozialer Lernprozesse heute. Weinheim, Basel: Beltz 1994.

Bönsch, Manfred: Das Methodenrepertoire ausschöpfen. In: Haarmann, Dieter (Hrsg.): Handbuch Elementare Schulpädagogik. Weinheim, Basel: Beltz 1997, S. 131–164.

Bönsch, Manfred: Intelligente Unterrichtsstrukturen. Baltmannsweiler: Schneider Hohengehren 2000.

Bos, Wilfried/Lankes, Eva-Maria/Prenzel, Manfred/Schwippert, Knut/Walther, Gerd/Valtin, Renate (Hrsg.): Erste Ergebnisse aus IGLU. Schülerleistungen am Ende der vierten Jahrgangsstufe im internationalen Vergleich. Münster: Waxmann 2003.

Brezinka, Wolfgang: Grundbegriffe der Erziehungswissenschaft. München, Basel: Reinhardt [3]1977.

Bruch, Michael: Fallformulierung in der Verhaltenstherapie. Wien, New York: Springer 2000.

Bründel, Heidrun/Simon, Erika: Die Trainingsraum-Methode. Weinheim, Basel, Berlin: Beltz 2003.

Bundesinstitut für Berufsbildung: Leittexte – ein Weg zu selbständigem Lernen. Berlin, Bonn: Bundesinstitut für Berufsbildung [2]1991.

Burkard, Christoph/Eikenbusch, Gerhard: Praxishandbuch Evaluation in der Schule. Berlin: Cornelsen Scriptor 2000.

Carle, Ursula: Kind-Umfeld-Diagnose zwischen schulischem Handwerkszeug und qualitativem Forschungsverfahren. In: Friebertshäuser, Barbara/Prengel, Annedore (Hrsg.): Handbuch Qualitative Forschungsmethoden in der Erziehungswissenschaft. Weinheim, München: Juventa 1997, S. 711–730.

Collins, Allan/Brown, John Seely/Newman, Susan E.: Cognitive Apprenticeship: Teaching the Crafts of Reading, Writing and Mathematics. In: Resnick, Lauren B. (Ed.): Knowing, Learning and Instruction. Hillsdale: LEA 1996.

Creemers, Bert P.M.: The Effective Classroom. London: Cassell 1994a.

Creemers, Bert P.M.: Effective Instruction: An Empirical Basis for a Theory of Effectiveness. In: Reynalds, David (Ed.): Advances in School Effectiveness Research and Practice. Oxford: Pergamon 1994b, pp. 189–205.

Deary, Ian J.: Intelligence. A Very Short Introduction. Oxford: Oxford University Press 2001.

Delhees, Karl H.: Soziale Kommunikation. Opladen: Westdeutscher Verlag 1994.

Dennett, Daniel C.: ›Ellenbogenfreiheit‹. Die erstrebenswerten Formen freien Willens. Weinheim: Beltz, Athenäum [2]1994.

Deutsches PISA-Konsortium (Hrsg.): PISA 2000. Basiskompetenzen von Schülerinnen und Schülern im internationalen Vergleich. Opladen: Leske + Budrich 2001.

Dubs, Rolf: Lehrerverhalten. Ein Beitrag zur Interaktion von Lehrenden und Lernenden im Unterricht. Zürich: Verlag des Schweizerischen Kaufmännischen Verbandes 1995.

Dulisch, Frank: Lernen als Form des menschlichen Handelns. Bergisch Gladbach: Hobein 1994.

Farnham-Diggory, Sylvia: Cognitive Processes in Education. New York: Harper Collins 1992.

Farnham-Diggory, Sylvia: Paradigms of Knowledge and Instruction. In: Review of Educational Research, 64. Jg., 1994, Heft 3, pp. 463–477.

Fend, Helmut: Qualität im Bildungswesen. Weinheim, München: Juventa 1998.

Fend, Helmut: Was stimmt mit den deutschen Bildungssystemen nicht? Wege zur Erklärung von Leistungsunterschieden zwischen Bildungssystemen. In: Schümer, Gundel/Tillmann, Klaus-Jürgen/Weiß, Manfred (Hrsg.): Die Institution Schule und die Lebenswelt der Schüler. Vertiefende Analysen der PISA-2000-Daten zum Kontext von Schülerleistungen. Wiesbaden: Verlag für Sozialwissenschaften 2004, S. 15–38.

Frith, Uta: Psychologische Aspekte des orthographischen Wissens. In: Augst, Gerhard (Ed.): New Trends in Graphemics and Orthography. New York: deGruyter 1986, pp. 218–233.

Gagné, Robert M./Briggs, Leslie J./Wager, Walter W.: Principles of Instructional Design. Fort Worth: Harcourt Brace 1992.

Gardner, Howard: Abschied vom Q. Die Rahmen-Theorie der vielfachen Intelligenzen. Stuttgart: Klett-Cotta 1991 (1. amerikanische Ausgabe 1985).

Geißler, Georg (Hrsg.): Das Problem der Unterrichtsmethode in der Pädagogischen Bewegung. Weinheim, Basel: Beltz [9]1994.

Giesecke, Hermann: Pädagogische Illusionen. Stuttgart: Klett-Cotta 1998.

Glöckel, Hans: Vom Unterricht. Bad Heilbrunn: Klinkhardt [4]2003.

Graumann, Olga: Gemeinsamer Unterricht in heterogenen Gruppen. Bad Heilbrunn: Klinkhardt 2002.

Greve, Werner/Wentura, Dirk: Wissenschaftliche Beobachtung. Weinheim, München: Beltz, PVU 1997.

Grissemann, Hans: Förderdiagnostik von Lernstörungen. Bern: Huber 1990.

Gruehn, Sabine: Unterricht und schulisches Lernen. Münster: Waxmann 2000.

Grzesik, Jürgen: Effektiv lernen durch guten Unterricht. Bad Heilbrunn: Klinkhardt 2002.

Haarmann, Dieter: Einführung ›Methode‹ – was macht sie zum Problem? In: Geißler, Georg (Hrsg.): Das Problem der Unterrichtsmethode in der Pädagogischen Bewegung. Weinheim, Basel: Beltz [9]1994.

Hany, Ernst: Aktuelle Konzeptionen von Hochbegabung. Vortrag auf dem Kongress der Hochbegabtenförderung am 15./16. Juli 1998 in München.

Hany, Ernst: Muss man unterschiedlich hochbegabte Kinder unterschiedlich fördern? Vortrag im Rathaus Burscheid am 30.5.2000 (unter: http://www.ehany.de/Lehre/Material/Hochbegabung/Texte/Hb406.pdf).

Hany, Ernst: Schriftliche Stellungnahme zum Thema »Hochbegabtenförderung« im Rahmen der Expertenanhörung des Ausschusses für Schule und Weiterbildung des Landtags Nordrhein-Westfalen am 17.1.2001 (Manuskript).

Haußer, Karl: Identitätspsychologie. Berlin, Heidelberg: Springer 1995.

Häußler, Peter/Hoffmann, Lore: Physikunterricht – an den Interessen von Mädchen und Jungen orientiert. In: Unterrichtswissenschaft 1995, S. 107–126.

Heckhausen, Heinz: Achievement, Motivation and its Constructs. A Cognitive Model. In: Motivation and Emotion 1977, 1, pp. 283–329.

Heimann, Paul/Otto, Gunter/Schulz, Wolfgang: Unterricht. Analyse und Planung. Hannover: Schroedel ³1968.

Heller, Kurt A.: Der Bildungsauftrag des Gymnasiums aus psychologischer Sicht. Vortrag im Rahmen der Ringvorlesung zur Gymnasialpädagogik an der Universität Würzburg. In: bpv 2001a, 1, S. 21–27.

Heller, Kurt A.: Hochbegabtenförderung im nationalen und internationalen Bereich. In: Labyrinth DGhK 2001b, 68, S. 4–10.

Heller, Kurt A.: Wissenschaftliche Argumente für die Schullaufbahnentscheidung nach der vierjährigen Grundschule. Manuskript, o.J.

Heller, Kurt A./Hany, Ernst A.: Psychologische Modelle der Hochbegabtenförderung. In: Enzyklopädie der Psychologie. Band 2: Psychologie des Lernens und der Instruktion. Göttingen: Hogrefe 1996, S. 477–513.

Helmke, Andreas: Unterrichtsqualität erfassen, bewerten, verbessern. Seelze: Kallmeyer 2003.

Helmke, Andreas/Hosenfeld, Ingmar: Vergleichsarbeiten – Standards – Kompetenzstufen: Begriffliche Klärung und Perspektiven. In: Wosnitzka, Marold/Frey, Andreas/Jäger, Reinhold S. (Hrsg.): Lernprozess, Lernumgebung und Lerndiagnostik. Wissenschaftliche Beiträge zum Lernen im 21. Jahrhundert. Landau: Verlag Empirische Pädagogik 2004, S. 56–75.

Helmke, Andreas/Schrader, Friedrich-Wilhelm: Determinanten der Schulleistung. In: Rost, Detlef H. (Hrsg.): Handwörterbuch Pädagogische Psychologie. Weinheim: Beltz, PVU 2001, S. 81–91.

Helmke, Andreas/Weinert, Franz E.: Unterrichtsqualität und Leistungsentwicklung. Ergebnisse aus dem SCHOLASTIK-Projekt. In: Weinert, Franz E./Helmke, Andreas (Hrsg.): Entwicklung im Grundschulalter. Weinheim: Beltz, PVU 1997, S. 241–258.

Hofer, Manfred: Sozialpsychologie erzieherischen Handelns. Göttingen: Hogrefe 1986.

Hofer, Manfred: Wertewandel, schulische Motivation und Unterrichtsorganisation. In: Schneider, Wolfgang/Knopf, Monika (Hrsg.): Entwicklung, Lehren und Lernen. Göttingen: Hogrefe 2003, S. 235–253.

Hoffmann, Joachim: Vorhersage und Erkenntnis. Göttingen: Hogrefe 1993.

Hoffmann, Joachim/Knopf, Monika: Der Erwerb formaler Schlüsselqualifikationen. In: Weinert, Franz (Hrsg.): Enzyklopädie der Psychologie. Psychologie des Lernens und der Instruktion. Göttingen: Hogrefe 1996, S. 49–87.

Horster, Leonhard/Rolff, Hans-G.: Unterrichtsentwicklung. Grundlagen, Praxis, Steuerungsprozesse. Weinheim, Basel: Beltz 2001.

Ingenkamp, Karlheinz: Lehrbuch der pädagogischen Diagnostik. Weinheim, Basel: Beltz [3]1995.

Jäger, Reinhold S.: Von der Beobachtung zur Notengebung. Landau: Verlag Empirische Pädagogik 2000.

Jansen, Heiner: Früherkennung und Frühförderung bei Risiken zur Ausbildung von Lese-Rechtschreibschwierigkeiten. In: Thomé, Günther (Hrsg.): Von Legasthenie bis LRS. Oldenburg: Universität Oldenburg, Didaktisches Zentrum 2003.

Keck, Rudolf W.: Zielorientierte Unterrichtsplanung. Bochum: Kamp 1975.

Kiper, Hanna: Einführung in die Schulpädagogik. Weinheim, Basel: Beltz 2001.

Kiper, Hanna: Umgang mit Heterogenität. In: Kiper, Hanna/Meyer, Hilbert/Topsch, Wilhelm (Hrsg.): Einführung in die Schulpädagogik. Berlin: Cornelsen Scriptor 2002, S. 157–169.

Kiper, Hanna: Literacy versus Curriculum? In: Moschner, Barbara/Kiper, Hanna/Kattmann, Ulrich (Hrsg.): Perspektiven für Lehren und Lernen. PISA 2000 als Herausforderung. Baltmannsweiler: Schneider Hohengehren 2003, S. 65–86.

Kiper, Hanna/Mischke, Wolfgang: Einführung in die Allgemeine Didaktik. Weinheim, Basel: Beltz 2004.

Klafki, Wolfgang: Neue Studien zur Bildungstheorie und Didaktik. Weinheim, Basel: Beltz 1985.

Klafki, Wolfgang/Stöcker, Hermann: Innere Differenzierung des Unterrichts. In: Topsch, Wilhelm (Hrsg.): Unterrichten in der Grundschule. Bochum: Kamp 1982, S. 87–116.

Klauer, Karl Josef: Lehrzielorientierte Tests. In: Rost, Detlef H. (Hrsg.): Handwörterbuch Pädagogische Psychologie. Weinheim: Beltz, PVU 2001, S. 401–405.

Klauer, Karl Josef: Wie misst man Schulleistung? In: Weinert, Franz E. (Hrsg.): Leistungsmessung in Schulen. Weinheim, Basel: Beltz 2001, S. 103–115.

Kleber, Eduard W.: Diagnose. In: Krüger, Heinz-Hermann/Helsper, Werner (Hrsg.): Einführung in Grundbegriffe und Grundfragen der Erziehungswissenschaft. Opladen: Leske + Budrich 1996, S. 103–117.

Klieme, Eckhard: Was sind Kompetenzen und wie lassen sie sich messen? In: Pädagogik 2004, 6, S. 10–13.

König, Ernst/Riedel, Harald: Unterrichtsplanung als Konstruktion. Weinheim, Basel: Beltz 1970.

König, Ernst/Riedel, Harald: Unterrichtsplanung. Band I: Konstruktionsgrundlagen und Kriterien. Band II: Konstruktionsverfahren. Weinheim, Basel: Beltz 1975.

Kopperschmidt, Josef: Methodik der Argumentationsanalyse: Stuttgart, Bad Cannstatt: Frommann-Holzboog 1989.

Kroh, Oswald: Entwicklungspsychologie des Grundschulkindes. Langensalza: Beyer [13–19]1944.

Kuhl, Julius/Heckhausen, Heinz: Motivation, Volition und Handlung. Enzyklopädie der Psychologie, Motivation und Emotion, Band 4. Göttingen: Hogrefe 1996.

Lauth, Gerhard W./Brunstein, Joachim C./Grünke, Matthias: Lernstörungen im Überblick: Arten, Klassifikation, Verbreitung und Erklärungsperspektiven. In: Lauth, Gerhard W./Grünke, Matthias/Brunstein, Joachim C. (Hrsg.): Interventionen bei Lernstörungen. Göttingen: Hogrefe 2004, S. 13–23.

Lauth, Gerhard W./Grünke, Matthias/Brunstein, Joachim C.: Ausrichtung und Konzeption der Interventionen: Erhöhung von geeigneter Lernaktivität, Erleichterung der Informationsverarbeitung, Abflachung von sozialökologischen Übergängen. In: Lauth, Gerhard W./Grünke, Matthias/Brunstein, Joachim C. (Hrsg.): Interventionen bei Lernstörungen. Göttingen: Hogrefe 2004, S. 105–115.

Lockl, Kathrin/Schneider, Wolfgang: Ausbildung von exekutiver Kontrolle. In: Lauth, Gerhard W./Grünke, Matthias/Brunstein, Joachim C. (Hrsg.): Interventionen bei Lernstörungen. Göttingen: Hogrefe 2004, S. 159–167.

Lorenz, Jens Holger: Rechenschwache Schüler in der Grundschule, Erklärungsversuche und Förderstrategien. In: Journal für Mathematikdidaktik, 12. Jg., 1991, Heft 1, S. 3–34; Heft 2/3, S. 171–198.

Luhmann, Niklas/Schorr, Karl Eberhard: Das Technologiedefizit der Erziehung und die Pädagogik. In: Dies. (Hrsg.): Zwischen Technologie und Selbstreferenz. Fragen an die Pädagogik. Frankfurt a.M.: Suhrkamp 1982, S. 11–40.

Ludwig, Peter: Einwirkung als unverzichtbares Konzept jeglichen erzieherischen Handelns. In: Zeitschrift f. Pädagogik, 46. Jg., 2000, Heft 4, S. 585–600.

Mackowiak, Katja: Vermittlung von Lernstrategien. In: Lauth, Gerhard W./Grünke, Matthias/Brunstein, Joachim C. (Hrsg.): Interventionen bei Lernstörungen. Göttingen: Hogrefe 2004, S. 145–158.

Mager, Robert F.: Lernziele und Programmierter Unterricht. Weinheim, Berlin, Basel: Beltz [4–9]1969.

Matthes, Gerald: Gestaltung von Förderunterricht. In: Lauth, Gerhard W./Grünke, Matthias/Brunstein, Joachim C. (Hrsg.): Interventionen bei Lernstörungen. Göttingen: Hogrefe 2004, S. 411–421.

Meyer, Hilbert: Was ist guter Unterricht? Berlin: Cornelsen Scriptor 2004.

Moegling, Klaus (Hrsg.): Didaktik selbständigen Lernens. Grundlegung und Modelle für die Sekundarstufen I und II. Bad Heilbrunn: Klinkhardt 2004.

Monzen, Helga/Rademacker, Hermann: Vorwort der Übersetzer. In: Mager, Robert F.: Lernziele und Programmierter Unterricht. Weinheim, Berlin, Basel: Beltz 1965, S. VI–VIII.

Niegemann, Helmut M./Hofer, Manfred: Ein Modell selbstkontrollierten Lernens und über die Schwierigkeit, selbstkontrolliertes Lernen hervorzubringen. In: Gruber, Heinz/Renkl, Alexander: Wege zum Können. Determinanten des Kompetenzerwerbs. Bern: Huber 1997, S. 263–280.

Nüsse, Ralf/Groeben, Norbert/Freitag, Burkhard/Schreier, Margrit: Über die Erfindung des Radikalen Konstruktivismus. Kritische Gegenargumente aus psychologischer Sicht. Weinheim: Deutscher Studien Verlag 1991.

Oelkers, Jürgen: Intention und Wirkung: Vorüberlegungen zu einer Theorie pädagogischen Handelns. In: Luhmann, Niklas/Schorr, Karl Eberhard (Hrsg.): Zwischen Intransparenz und Verstehen. Fragen an die Pädagogik. Frankfurt a.M.: Suhrkamp 1982, S. 167–218.

Oser, Fritz: Acht Strategien der Wert- und Moralerziehung. In: Edelstein, Wolfgang/Oser, Fritz/Schuster, Peter (Hrsg.): Moralische Erziehung in der Schule. Weinheim, Basel: Beltz 2001, S. 63–89.

Oser, Fritz K./Baeriswyl, Franz J.: Choreographies of Teaching: Bringing Instruction to Learning. In: Richardson, Virginia (Ed.): Handbook of Research on Teaching. 2001, pp. 1031–1065.

Peterßen, Wilhelm H.: Handbuch Unterrichtsplanung. Grundfragen, Modelle, Stufen, Dimensionen. München: Ehrenwirth 1982.

Peterßen, Wilhelm H.: Kleines Methoden-Lexikon. München: Oldenbourg 1999.

Prange, Klaus: Bauformen des Unterrichts. Bad Heilbrunn: Klinkhardt [2]1986.

Prell, Siegfried: Neue Didaktik. Die Integration von Diagnose und Evaluation im Unterricht. In: Seibert, Norbert/Serve, Helmut J./Terlinden, Roswitha: Problemfelder der Schulpädagogik. Bad Heilbrunn: Klinkhardt 2000.

Prengel, Annedore: Pädagogik der Vielfalt. Opladen: Leske + Budrich 1993.

Prenzel, Manfred: Sechs Möglichkeiten Lernende zu demotivieren. In: Gruber, Hans/Renkl, Alexander: Wege zum Können. Göttingen: Hogrefe 1997, S. 32–44.

Pressley, Michael/Borkowski, John G./Schneider, Walter: Good Information Processing: What is it and how Education can Promote it. In: International Journal of Education, 13, 1990, pp. 857–867.

Retter, Hein: Studienbuch Pädagogische Kommunikation. Bad Heilbrunn: Klinkhardt 2000.

Rheinberg, Falko: Bezugsnormen und schulische Leistungsbeurteilung. In: Rheinberg, Falko/Krug, Siegbert: Motivationsförderung im Schulalltag. Göttingen: Hogrefe 1999.

Rheinberg, Falko: Bezugsnormorientierung. In: Rost, Detlef H. (Hrsg.): Handwörterbuch Pädagogische Psychologie. Weinheim: Beltz, PVU 2001, S. 55–62.

Rheinberg, Falko: Bezugsnormen und schulische Leistungsbeurteilung. In: Weinert, Franz E. (Hrsg.): Leistungsmessungen in Schulen. Weinheim, Basel: Beltz 2001, S. 59–71.

Richter, Tobias/Christmann, Ursula: Lesekompetenz: Prozessebenen und interindividuelle Unterschiede. In: Groeben, Norbert/Hurrelmann, Bettina (Hrsg.): Lesekompetenz. Weinheim, München: Juventa 2002, S. 25–58.

Robinsohn, Saul B.: Bildungsreform als Revision des Curriculums. Neuwied, Berlin: Luchterhand [2]1969.

Rolheiser, C. (Ed.): Self-Evaluation. Helping Students Get Better At IT. Toronto 1996.

Rosenberger, Katharina: Kindgemäßheit im Kontext. Wiesbaden: Verlag für Sozialwissenschaften 2005.

Sacher, Werner: Prüfen – Beurteilen – Benoten. Bad Heilbrunn: Klinkhardt 1996.

Schnotz, Wolfgang: Elementaristische und holistische Theorieansätze zum Textverstehen, Forschungsbericht 35. Tübingen: Deutsches Institut für Fernstudien 1985.

Schratz, Michael/Iby, Manfred/Radnitzky, Edwin: Qualitätsentwicklung. Verfahren, Methoden, Instrumente. Weinheim, Basel: Beltz 2000.

Schweer, Martin K.W.: Evaluation der Lehre. In: Rost, Detlef H. (Hrsg.): Handwörterbuch Pädagogische Psychologie. Weinheim, Basel: Beltz, PVU 2001, S. 159–164.

Searle, John R.: Die Konstruktion der gesellschaftlichen Wirklichkeit. Reinbek: Rowohlt 1997 (1. amerikanische Ausgabe 1995).

Seel, Norbert: Instruktionsdesign: Modelle und Anwendungen. In: Unterrichtswissenschaft 27, 1999, S. 2–11.

Seel, Norbert: Psychologie des Lernens. München: Reinhardt 2000.

Sekretariat der Ständigen Konferenz der Kultusminister der Länder in der Bundesrepublik Deutschland (Hrsg.): Entwicklung und Implementation von Bildungsstandards. Bonn. Dezember 2003. (unter: http://www.kmk.-org/schul/Bildungsstandards/Argumenationspapier_stand-1.pdf).

Sekretariat der Ständigen Konferenz der Kultusminister der Länder in der Bundesrepublik Deutschland (Hrsg.): Bildungsstandards im Fach Deutsch für den Mittleren Schulabschluss. Beschluss vom 4.12.2003. München: Luchterhand, Wolters Kluwer 2004.

Sembill, Detlef: Erforschung didaktischer Prozesse. In: Twellmann, Walter (Hrsg.): Handbuch Schule und Unterricht. Band 4.2. Düsseldorf: Schwann 1981, S. 827–845.

Shavelson, Richard J./Ruiz-Primo, Maria Araceli: Leistungsbewertung im naturwissenschaftlichen Unterricht. In: Unterrichtswissenschaft 2, 1999, S. 102–127.

Stavemann, Harlich H.: Sokratische Gesprächsführung in Therapie und Beratung. Weinheim, Basel, Berlin: Beltz, PVU 2002.

Steindorf, Gerhard: Grundbegriffe des Lehrens und Lernens. Bad Heilbrunn: Klinkhardt 1981.

Stockhammer, Richard: Entwicklungsstand Standards für Mathematik am Ende der Sekundarstufe I. In: Erziehung und Unterricht 154. Jg. (2004) 7–8, S. 597–605.

Suhrweier, Horst/Hetzner, Renate: Förderdiagnostik für Kinder mit Behinderungen. Neuwied: Luchterhand 1993.

Tent, Lothar: Theoretische Grundlagen. In: Tent, Lothar/Stelzl, Ingeborg: Pädagogisch-psychologische Diagnostik. Band 1. Theoretische und methodische Grundlagen. Göttingen: Hogrefe 1993, S. 15–38.

Topsch, Wilhelm: Beobachten im Unterricht. In: Kiper, Hanna/Meyer, Hilbert/Topsch, Wilhelm: Einführung in die Schulpädagogik. Berlin: Cornelsen Scriptor 2002, S. 97–108.

Treiber, Bernhard/Weinert, Franz E.: Gibt es theoretische Fortschritte in der Lehr-Lern-Forschung. In: Dies. (Hrsg.): Lehr-Lern-Forschung. München: Urban & Schwarzenberg 1982, S. 242–290.

Voss, James F./Wiley, John: Acquiring intellectual skills. In: Annual Review of Psychology, 46. Jg., 1995, pp. 5–181.

Wehle, Gerhard: Unterricht, Unterrichtsforschung. In: Ders. (Hrsg.): Pädagogik aktuell, Band 3. München 1973, S. 128–132.

Weiner, Bernhard: Motivationspsychologie. Weinheim: Deutscher Studien Verlag 1984.

Weinert, Franz E. (Hrsg.): Leistungsmessung in Schulen. Weinheim, Basel: Beltz 2001.

Weinert, Franz E.: Guter Unterricht ist ein Unterricht, in dem mehr gelernt als gelehrt wird. In: Freund, Josef/Gruber, Heinz/Weidinger, Walter (Hrsg.): Guter Unterricht – Was ist das? Aspekte von Unterrichtsqualität. Wien: Pädagogischer Verlag 1998, S. 7–18.

Weinert, Franz E.: Vergleichende Leistungsmessung in Schulen – eine umstrittene Selbstverständlichkeit. In: Ders. (Hrsg.): Leistungsmessungen in Schulen. Weinheim, Basel: Beltz 2001, S. 17–31.

Weinert, Franz E.: Qualifikation und Unterricht zwischen gesellschaftlichen Notwendigkeiten, pädagogischen Visionen und psychologischen Möglichkeiten. In: Melzer, Wolfgang/Sandfuchs, Uwe (Hrsg.): Was Schule leistet. Funktionen und Aufgaben von Schule. Weinheim, München: Juventa 2001, S. 65–85.

Wellenreuther, Martin: Lehren und Lernen – aber wie? Baltmannsweiler: Schneider Hohengehren 2004.

Werner, Heinz: Einführung in die Entwicklungspsychologie. München: Barth [4]1959.

Wiechmann, Jürgen (Hrsg.): Zwölf Unterrichtsmethoden. Weinheim, Basel: Beltz [3]1999.

Wiechmann, Jürgen: Das Methodenrepertoire von Lehrern - ein aktualisiertes Bild. In: Wosnitza, Marold/Frey, Andreas/Jäger, Reinhold S. (Hrsg.): Lernprozess, Lernumgebung und Lerndiagnostik. Landau: Verlag Empirische Pädagogik 2004, S. 320–335.

Wild, Elke: Häusliches Lernen – Forschungsdesiderate und Forschungsperspektiven. In: Zeitschrift für Erziehungswissenschaft, 7. Jg., Beiheft 3, 2004, S. 37–64.

Wild, Klaus-Peter/Krapp, Andreas: Pädagogisch-psychologische Diagnostik. In: Krapp, Andreas/Weidenmann, Bernd (Hrsg.): Pädagogische Psychologie. Ein Lehrbuch. Weinheim: Beltz, PVU 2001, S. 513–563.

Zielinski, Werner: Lernschwierigkeiten. Stuttgart: Kohlhammer [3]1998.

Stichwortregister

Reihe »Beltz Studium«

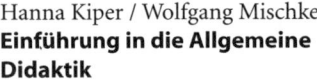

Hanna Kiper / Wolfgang Mischke
Einführung in die Allgemeine Didaktik
2004. 192 Seiten. Broschiert.
ISBN 3-407-25356-7

Diese Einführung in die Allgemeine Didaktik gibt nicht nur einen Überblick über vorliegende didaktische Modelle und die Lehrplantheorie, sondern bündelt zudem psychologische und didaktische Überlegungen in einer integrativen Theorie. Sie wird zur Grundlage eines Nachdenkens über Basismodelle des Lernens.

Hanna Kiper
Einführung in die Schulpädagogik
2001. 176 Seiten. Broschiert.
ISBN 3-407-25240-4

Eine komprimierte Einführung in die Schulpädagogik. Es werden verschiedene Schulperspektiven diskutiert und eine Einführung in das deutsche Bildungssystem sowie ein Überblick über Aufgaben im Lehrer/innenberuf gegeben. Mit Hinweisen auf die Planung und Analyse von Unterricht unter Berücksichtigung verschiedener Didaktikmodelle, Unterrichtsmethoden sowie Medien.

BELTZ Beltz Verlag · Postfach 100154 · 69441 Weinheim
Weitere Infos und Ladenpreise: www.beltz.de